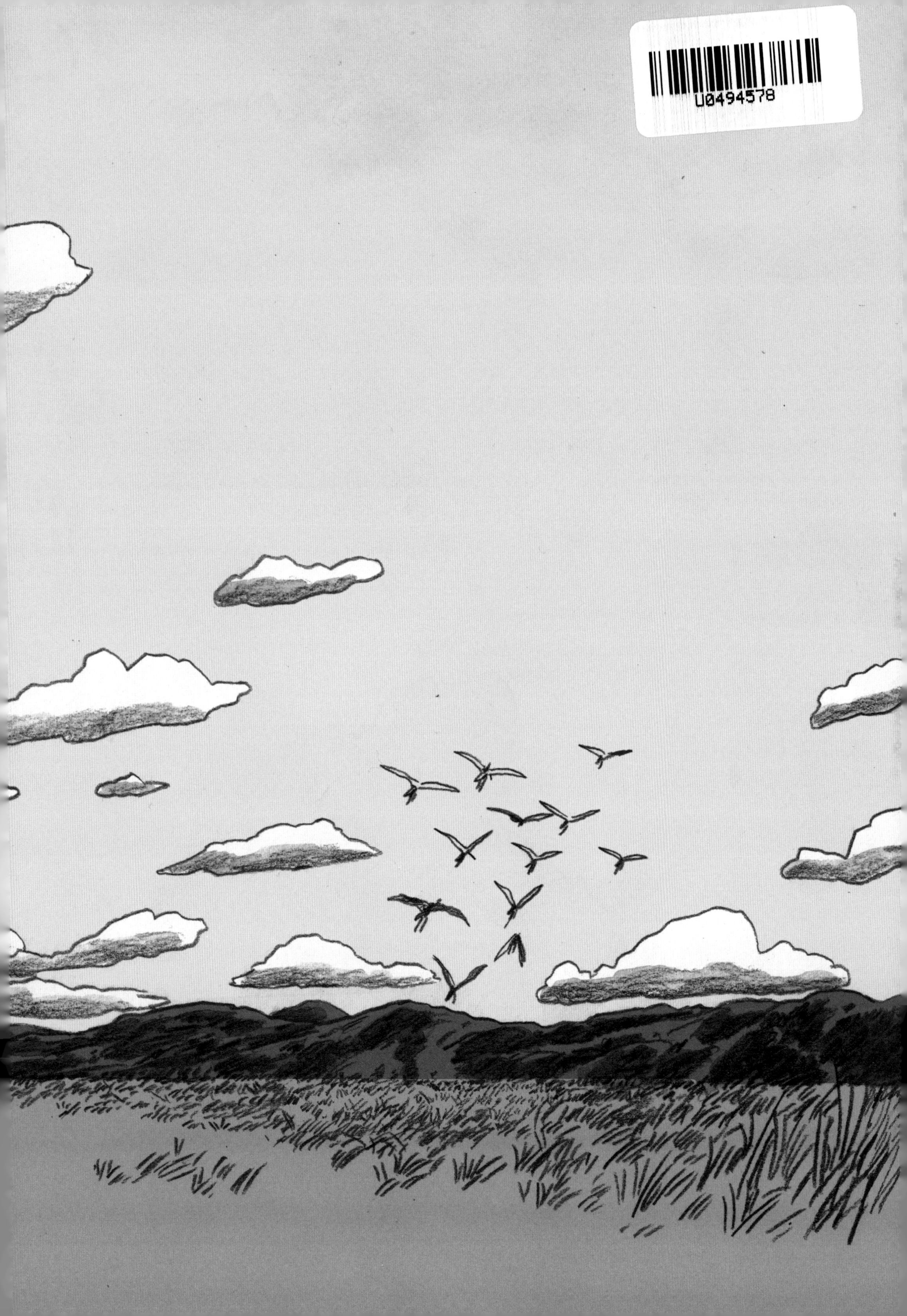

[法]法比安·格罗洛 编　[法]杰雷米·罗耶 绘

罗莲 译

追随羽翼的人

鸟类学先驱奥杜邦

中国友谊出版公司

感谢拉罗歇尔自然历史博物馆。
感谢库厄龙奥杜邦大西洋协会的让-伊夫·诺布莱。
感谢库厄龙镇政府。感谢伊冯·沙特兰。

献给我的父母。
F.G.

前　言

让·拉班、富热内、拉福雷、让-雅克·奥杜邦、约翰·詹姆斯·奥杜邦，他有多个名字，多重人生。他的经历复杂而传奇，充满真实故事，但对于他这位亲历其中的主角而言似乎还不够丰富：他有可能自己虚构了其中的一部分，有时是出于善意，美化并修改了他自己的故事的主体部分，甚至忘记了他自己曾这样做过，最后连他本人也相信了他自己的谎言。

作为一位举世无双的鸟类学画家，一位探访美洲处女地的冒险家先驱，一位作家以及美国现代环保先锋，他名垂青史。

本书以他的经历，尤其是以他所写的著作为灵感源泉，讲述了一个我们想象出来的故事，希望借此呈现出一个生动的人物形象，而不仅仅是一个史实。

祝阅读愉快。

法比安·格罗洛

目 录

正文 1
    I 肯塔基州 13
    II 密西西比河 69
    III 新奥尔良 113
    IV 大不列颠 139
    V 密苏里河 147

注释 171

部分参考文献 172

让-雅克·奥杜邦生平概述 175

密西西比河[1]，1820年。

朝我们飞过来的不是什么好东西。

那是些黑雁……

---

1 密西西比河（Mississippi River），美国最大的河流，世界第四长河。

1 哥伦布（Columbus），美国密西西比州朗兹县县治。

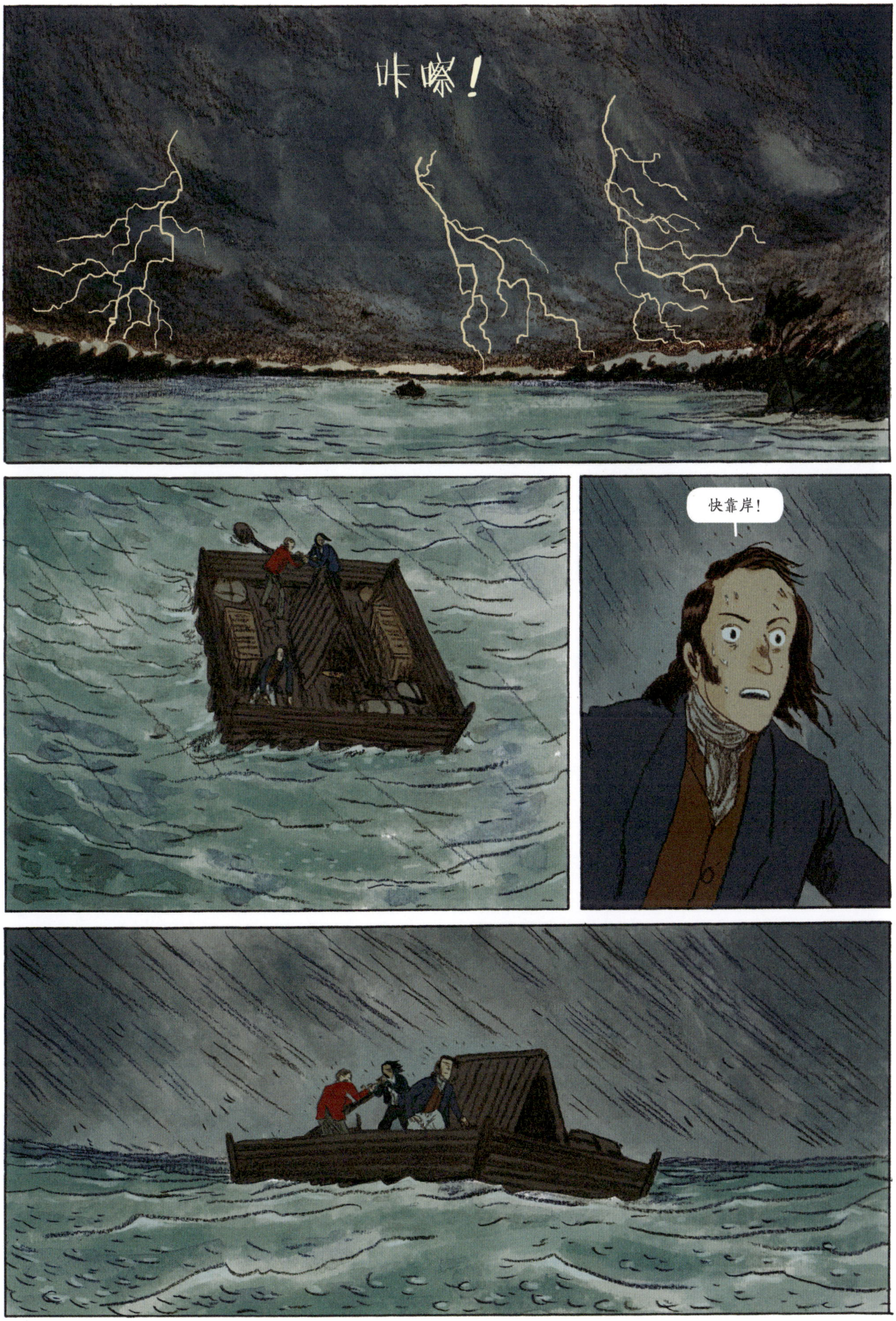
咔嚓！
快靠岸！

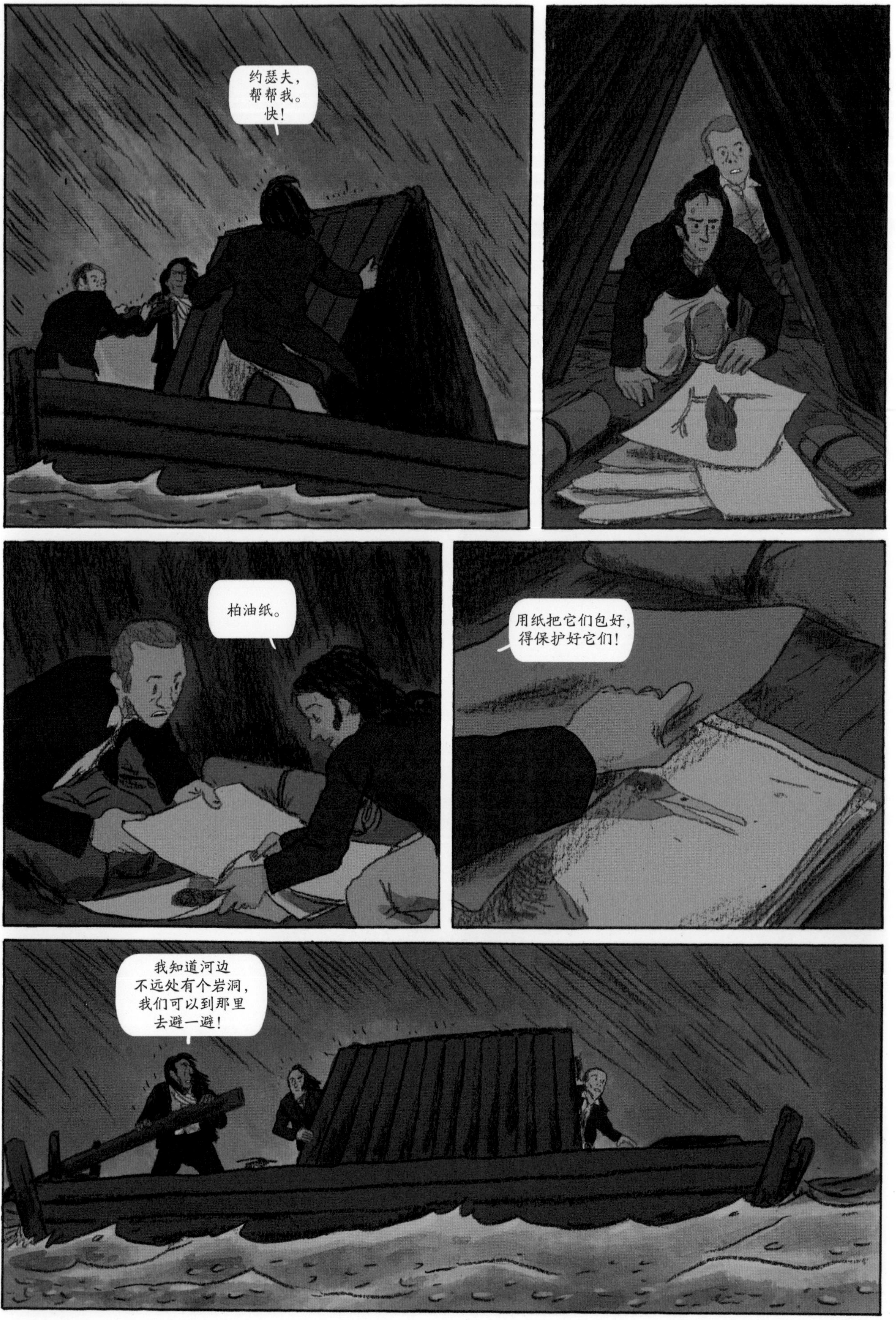
约瑟夫，
帮帮我。
快！
柏油纸。
用纸把它们包好，
得保护好它们！
我知道河边
不远处有个岩洞，
我们可以到那里
去避一避！

你们快一点，我的画得保护好，快！

轰隆隆轰隆隆

就是那儿。

约瑟夫,请把我的画具拿过来。

现在吗,先生?

现在。

它真漂亮……

美极了。

即使相对而言有点普通。

奥杜邦,枪都湿透了……

没关系,以后还有机会的。

能看到它这样静静地待着,已经是一个难得的机会了。

听说它能好几个小时一动不动地进行观察。

像您一样,先生。

像您一样。

暴风雨过去了，我们接着走吧。

先生，船上有不少地方都损坏了。

我们好几天都没法走了。

先生，您听到
我说话了吗？

先生？

· I ·
肯塔基州[1]

[1] 肯塔基州（Kentucky），美国中东部的一个州。

1 亨德森（Henderson），美国肯塔基州的一个小城。
2 俄亥俄河（Ohio River），密西西比河水量最大的支流，是美国中东部主要河流。

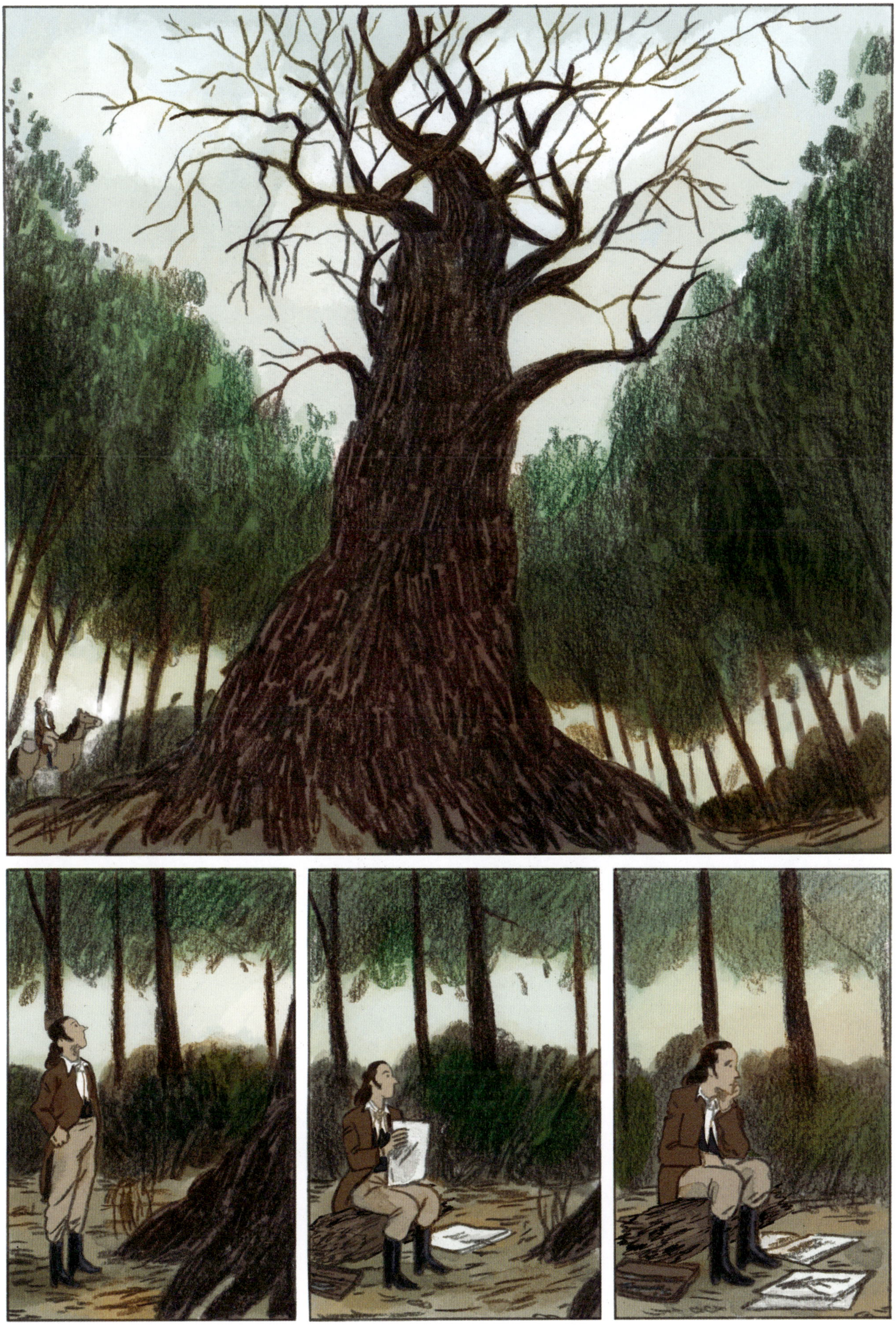

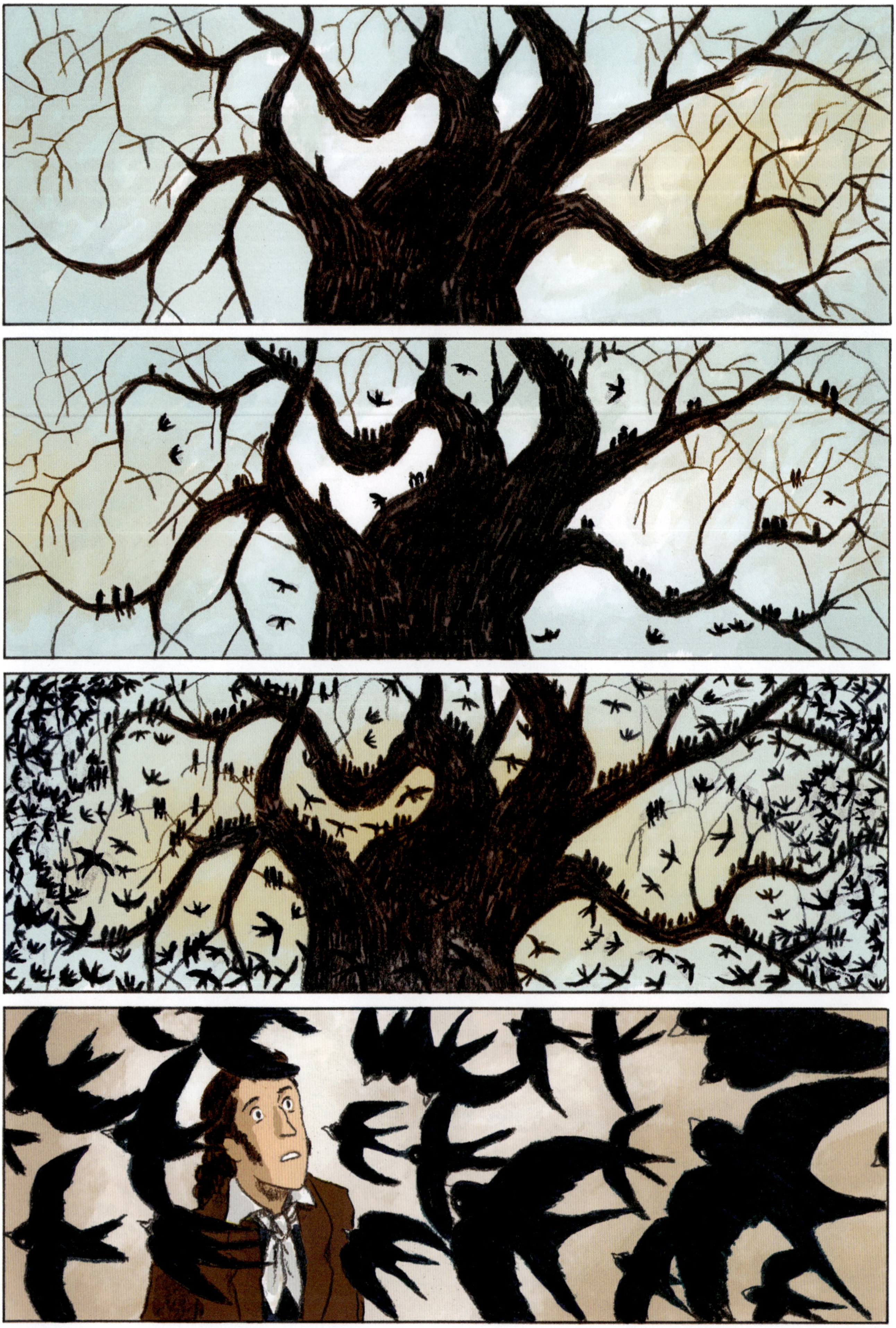

17

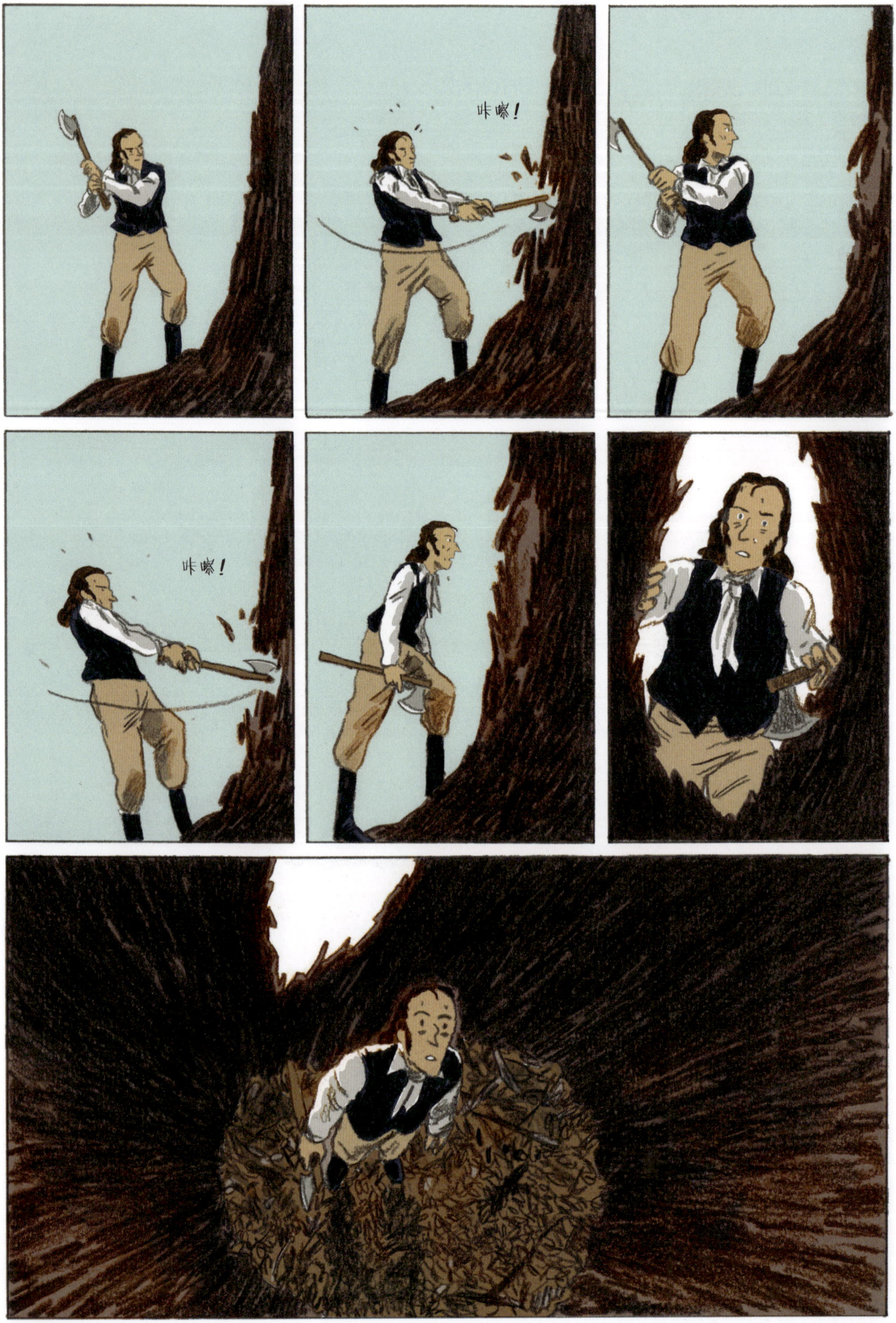
咔嚓!
咔嚓!

"我观察燕子的归巢,一直待到晚上。"

"不过,为了避免它们怀疑,我用树叶、树枝和从它们的巢里找到的一些碎屑(尸体、羽毛、鸟粪……)把洞口堵住了。"

"夜渐深,我等到它们都睡着了,然后,我决定去拜访一下它们的巢。"

“那天晚上，
我在那儿抓取了
100 多只用来
做研究。”
“凭着经验，通过
简单的计算，一方
面，从这棵老埃及
无花果树的大小进
行估算……”
“另一方面，根据从
树的内部观察到的样
本的密度进行估算，
我推断在那儿筑巢的
大概有……”
“11000 只燕子。”
“8 月 19 日，
只剩下几百只鸟儿了。”
“9 月 2 日，我只看到几只
落单的燕子飞往南方。”
“9 月底，巢全都空了。”
“到了 2 月份，这里还是一片荒凉。
我相信所有的燕子最终都由于未知的
原因离开了故乡。”

"随后，春季来临。"

"春天的微风把这些空中流浪汉重新带回来。"

"这棵老埃及无花果树在几周内再次住满了居民。"

"多么令人惊奇的奥秘……"

"似乎这些燕子在冬天时会离开森林，但是它们会去哪儿呢？"

"在冬天之前，我要尝试给其中几只燕子做上记号。"

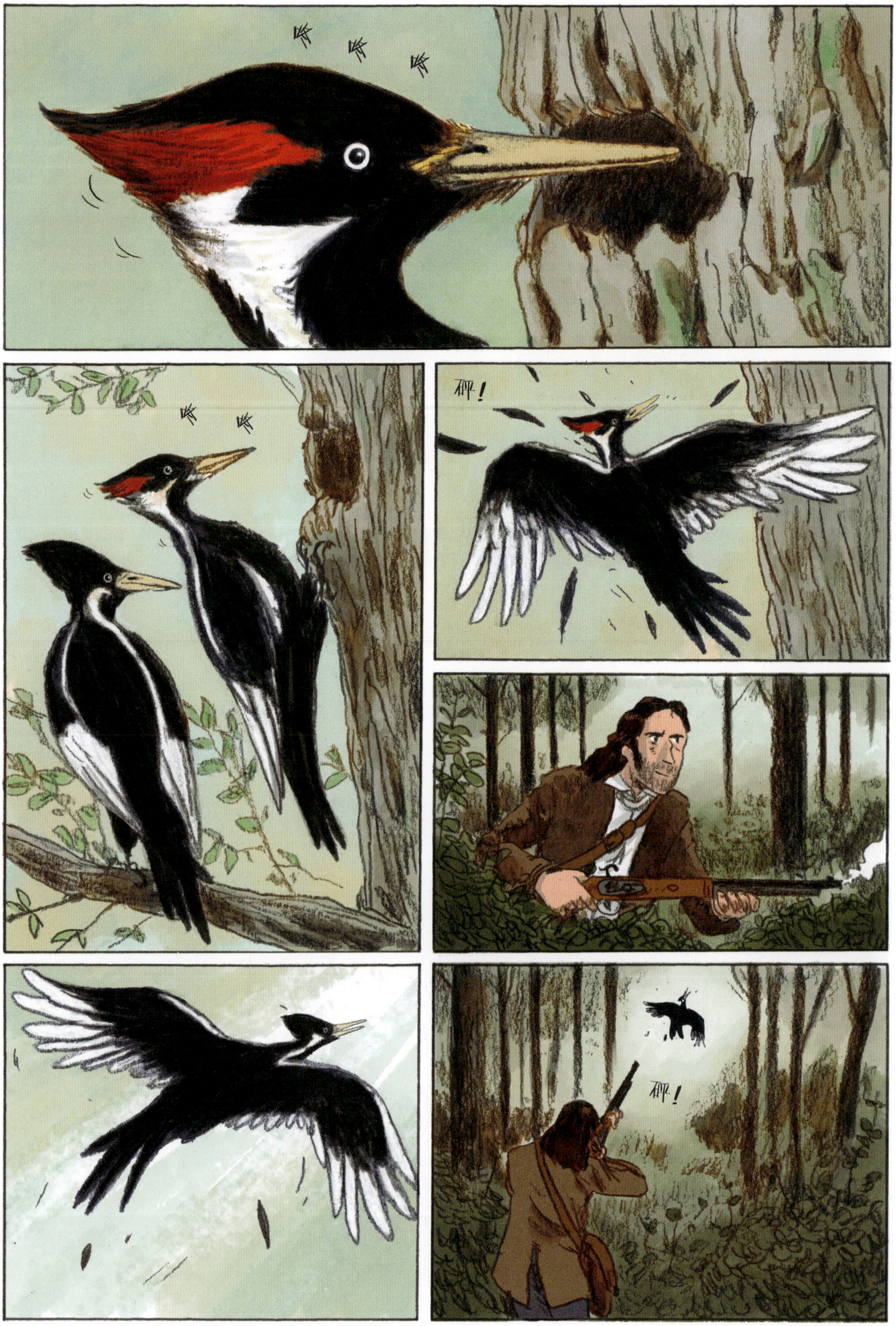
咚 咚 咚
咚 咚
砰！
砰！

哈哈哈！太棒了，我终于抓到你们了！

你们让我追得好苦啊！不过在荆棘丛里好几个小时的耐心等待还是值得的！

露西！露西！我成功地抓到了一对鸟儿！

老天啊，让-雅克，大家都在找你呢！

看，这种象牙喙啄木鸟，已经变得很稀少了！

在它们的羽毛完全失去活力之前，我得赶紧把它们画下来。

不要告诉我你忘了？

什么？

你真的忘了！

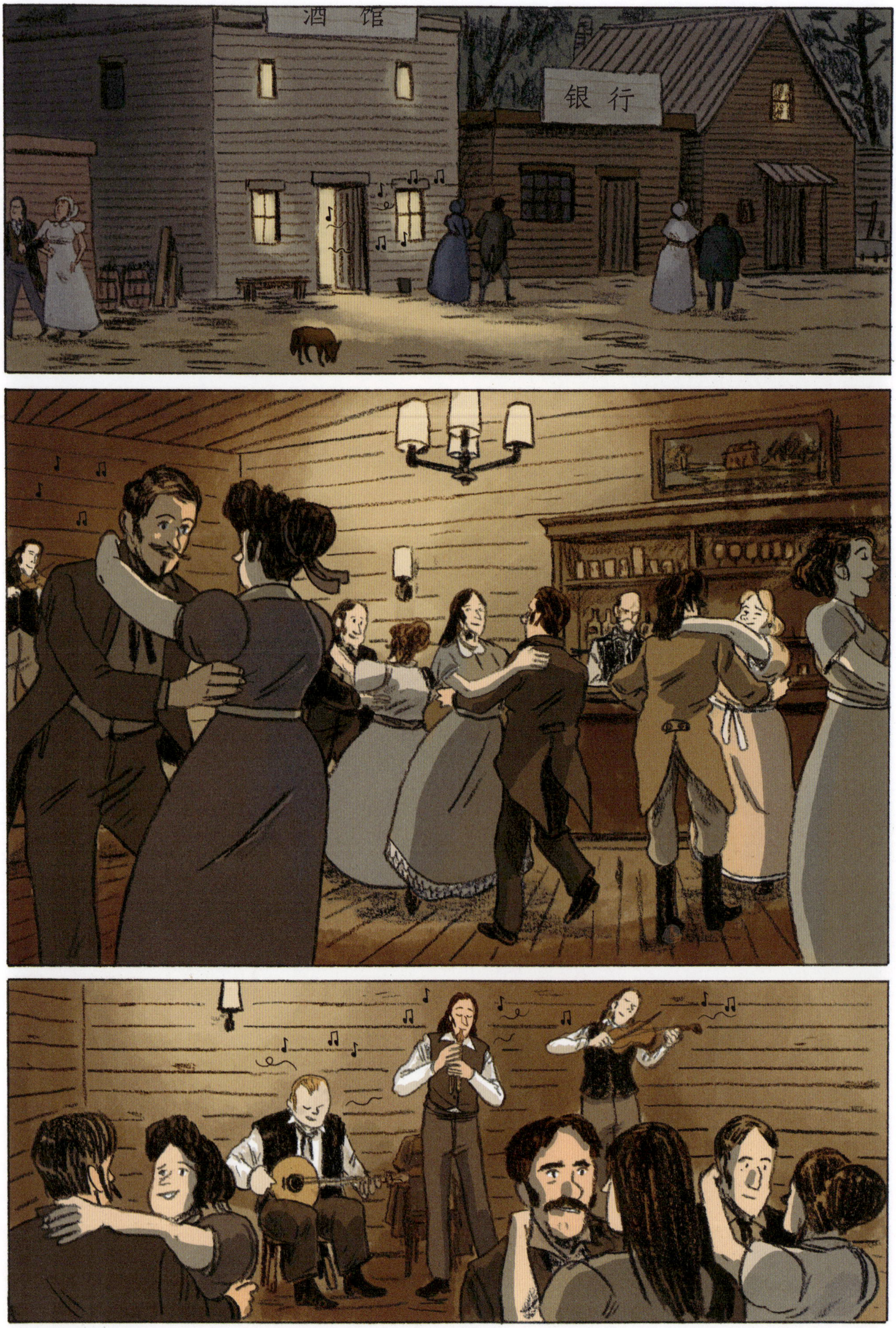
酒馆
银行

好的，完美，鲁宾逊夫人。跟上节奏！
还有你，威廉，呃……试着跟上你的舞伴，我的老兄！
一，二，三，一，二，三，四……
一，二，三，一，二，三，四……
很好，朋友们，我们正在进步！我都快以为身在南特的沙龙里了！
但还没成功噢！哈哈哈！

真是个有魅力的男人啊！
我们那些粗俗的男人都被改头换面了！
我相信，让他们接受一点法式教育，对他们没有坏处。
我承认这对我也不会有坏处……
好的，詹姆斯小姐！您已经可以去参加皇帝的舞会啦。
只需找到一位好的舞伴了！哈哈哈！
来吧，来吧，女士们，先生们，让我们再来一次！
现在我要请你们原谅。
我也要跟一位美人一起跳舞了！
我亲爱的贝尔图，您的伙伴真是在各方面都才华横溢啊。
嗯，如果您这么说的话……
恐怕我父亲不是完全同意您的话。
他确实是擅长音乐和绘画，但我也听说他在做生意方面名声可没这么响亮，不是吗？
果真如此吗？

哈哈哈！嘻嘻嘻！
好了，卡罗琳！您怎么了？
不，其实，呃……我不是这个意思。
我想她正是这个意思，哈哈哈！
哈哈哈！
嘻嘻嘻！
哈哈哈！
非常亲爱的小姐，您愿意跟我跳支舞吗？
先生，叫我夫人，我已经结婚了！
哦，那个幸运儿，我能有幸知道这位幸福的男人是谁吗？
先生，他不是一个人，他是一只鸟。
好吧，大千世界，无奇不有。那么这是只什么鸟呢，夫人？
是一只海雕。
一只非常漂亮的白头海雕。
您指什么？
我们这位法国人会把他的货物丢在森林里……
只为追逐一只他所谓的“现在还未知”的鸟儿吗？
我想，您应该听过这个法国小寓言……
“一只蝉，在唱完整个夏天后，当北风吹来时，才发现自己一无所有。”
我亲爱的尼古拉斯，我很担心你那位亲爱的伙伴在冬天前才会想起这个……

28

| 这是什么？ | 一只夜间出没的猛禽。 | 让-雅克，嗯，我想告诉你，我觉得…… | 大概是一只猫头鹰吧？但是我没听过这种特别的叫声。 |

……我又怀……

听着，露西，你先回去，我一会儿就回来，不要担心我。你先睡吧。

晚安，我亲爱的。

让-雅克？

唉唉唉唉呵克

亨德森，1819年。

约翰？

让-雅克？

男孩子们，爸爸还没回来吗？

没有。我们没看见他。

让-雅克？

"野火鸡体形硕大，外表美丽，它在餐桌上作为美食也受到高度评价……"

"……向我们推荐它，称它是美洲本土最有价值的鸟类之一。"

我只希望他不会又满森林乱跑去了。

露西。

啊，贝尔图先生，您好！

您好吗？约翰·詹姆斯没有跟您在一起吗？他还在店里面吗？

露西……您知道我之前曾多么强烈反对约翰投资这家锯木厂……

为什么这么说？我的天哪，究竟发生什么事了？

守德森县
治安官
啊，奥杜邦太太，他还好。我想他正在等您。我很抱歉，但这是法官的决定。
不能超过10分钟。
约翰？
约翰，你还好吗？法官跟我解释了这一切，我们得尽快受审。这场官司要持续好几个星期……
只要我们偿还了一部分的债务，你就可以出来了。

这样行吗？
能坚持住吗？
约翰？你在
听我说话吗？
我们得赶快做决定，
首先要卖掉这该死的
锯木厂、磨坊，唉，
恐怕还要卖掉房子。
我开始……
你看，它在
那儿，我一直
在等着它呢！
嗯？谁？你在
说什么？我在跟
你说……
一只小鹟鸟！
你还记得在我的
工作室旁边筑巢的
那只鸟儿吗？
让-雅克……
我用你的名字来
给它命名，露西，
你知道吗？
它又回来了，
它至少有7岁了！
你知道这意味
着什么吗？

让-雅克！我们正在谈我们的未来啊，拜托你。我……
可是我在跟你谈论……我的未来！
现在你先听我说！
除非你不再这样大吼大叫。
好吧。
太太，有问题吗？
没有。
这只鹟鸟，我在它的爪子上系了一条红绳子，而它现在还戴着。
我观察它的迁徙有7年了。
它在冬天前离开，在春天回来，总是在这儿筑巢。
总是在这儿，你明白吗？
算是吧，不过，这跟我们有什么关系？
露西，我受够了，我失败了。
我没法像我父亲所希望的那样成为一个伟大的企业家。
锯木厂已经是一个灾难，而农场，更不用说了……
我甚至不知道为什么我会试图追随他的脚步。这一切，并不适合我，你明白吗？我并没有他的经商头脑。

露西，你知道我为什么从来没有成功过吗？
看看这只鹟鸟！这只知更鸟，这只山雀，这只……
那才是属于我的地方。
与它们长相厮守。
这就是为什么我永远没法成为一个好的工头或者说是一个好的……我也不知道什么。你明白吗？
是的，我想。
事实上，我早就知道了。
让-雅克，你经常提起的，而且早就想去的那趟长途旅行……
或许你应该去实现了？我是说，现在就去，我们能想办法应付的……

HENDERSON
SHERIFF
妈妈，你找到他了吗？
?
?
“我亲爱的丈夫，我亲爱的拉福雷，
从你突然出现在我面前的那一天起，我就知道你总有一天会离开的……”
“不知从哪里冒出来，全身脏兮兮的，沾满泥浆和树枝。”
“从那天起我就明白，平庸的生活不是为我准备的。”

"从那天起我就明白，在生活中要习惯你的缺席……"

您……您是谁？

哈哈哈，小奥杜邦！终于，我们亲爱的法国邻居屈尊来对我们进行一次礼节上的拜访啦！

欢迎！来吧，我带你参观一下这所房子……

威廉先生，请原谅我没有尽早拜访您，是因为……

我刚来这儿，来美洲，有太多的事情要做了。

不用说这些了，我明白的……

哦，对不起。我真是失职。我想，你还不认识我的女儿露西吧？

露西·贝克韦尔，让-雅克·奥杜邦，我们的邻居。

恕我冒昧，先生，在这儿，我改名叫约翰·詹姆斯·奥杜邦了。

"可是比起看到你被困在笼子里，我宁愿你离开我，"

"自由而遥远。"

1　伊卡洛斯（Icarus）：希腊神话中代达罗斯的儿子，与代达罗斯使用蜡造的翅膀逃离克里特岛时，因飞得太高，双翼遭太阳熔化跌落水中丧生。

你就不问问我吗？
你啊，会为了飞而杀死自己的父母！然后翅膀会被熔化，对你来说又有什么关系呢？
“去吧，拉福雷，去追逐你的梦想，展翅高飞吧。”
“但不要忘记，有朝一日，要飞回巢……”
“我会一直在那里等你。”
“你的露西。”
啊啊啊啊啊啊！！

密西西比河，1820年。

"露西，我亲爱的露西。"

"我们的旅行才刚刚开始几个星期，而我终于找到了一个驿站能把这封信寄给你。"

密西西比河，1820年。

"旅行的这最初几天让我着迷不已,我们已经记录下很多种类了。"

"约瑟夫是个好学徒和好射手,即使他在绘画方面还有点笨手笨脚,我对此还是抱有很大希望的。"

"绍根,我们的向导兼船夫,是一个粗野而沉默的人……"

"但他却是一个独一无二的跟踪者,对我们所要勘察的森林了如指掌。"

绍根,我们把野营基地设在这里吧。

约瑟夫,我们走。

嘘！一只火鸡而已。

我们今天的晚餐……

砰！

保持安静，然后抬头看那棵橡树高高的枝头。

45

这是两只褐鸫鸟。是一对。

现在做什么？ 什么都不做，只是观察！你做好准备，在需要时，看到我打手势就开火，仅此而已。

嘶嘶嘶

哔 哔

哦，等等！有趣的事情来了！

哔哔哔哔
哔哔
哔哔哔
哔哔
哔哔
哔哔
哔哔哔
哔哔哔
哔哔
哔哔哔
哔哔
哔哔哔
哔哔哔
哈哈哈！不可思议，你看到了吗？
蛇败退了！
哔哔
哔哔
它们用尖叫声呼唤邻近所有的褐鸫鸟都聚集过来，一起击退了这个爬行动物。
它们发明了一套在遇到危险时极其有效的报警系统。真了不起！
先生，我们现在做什么？“提取样本”吗？
不，在这场精彩的战斗后，我对它们有了怜悯之心！它们非常值得获得缓刑，不是吗？
而且将来还会有别的机……
咔！

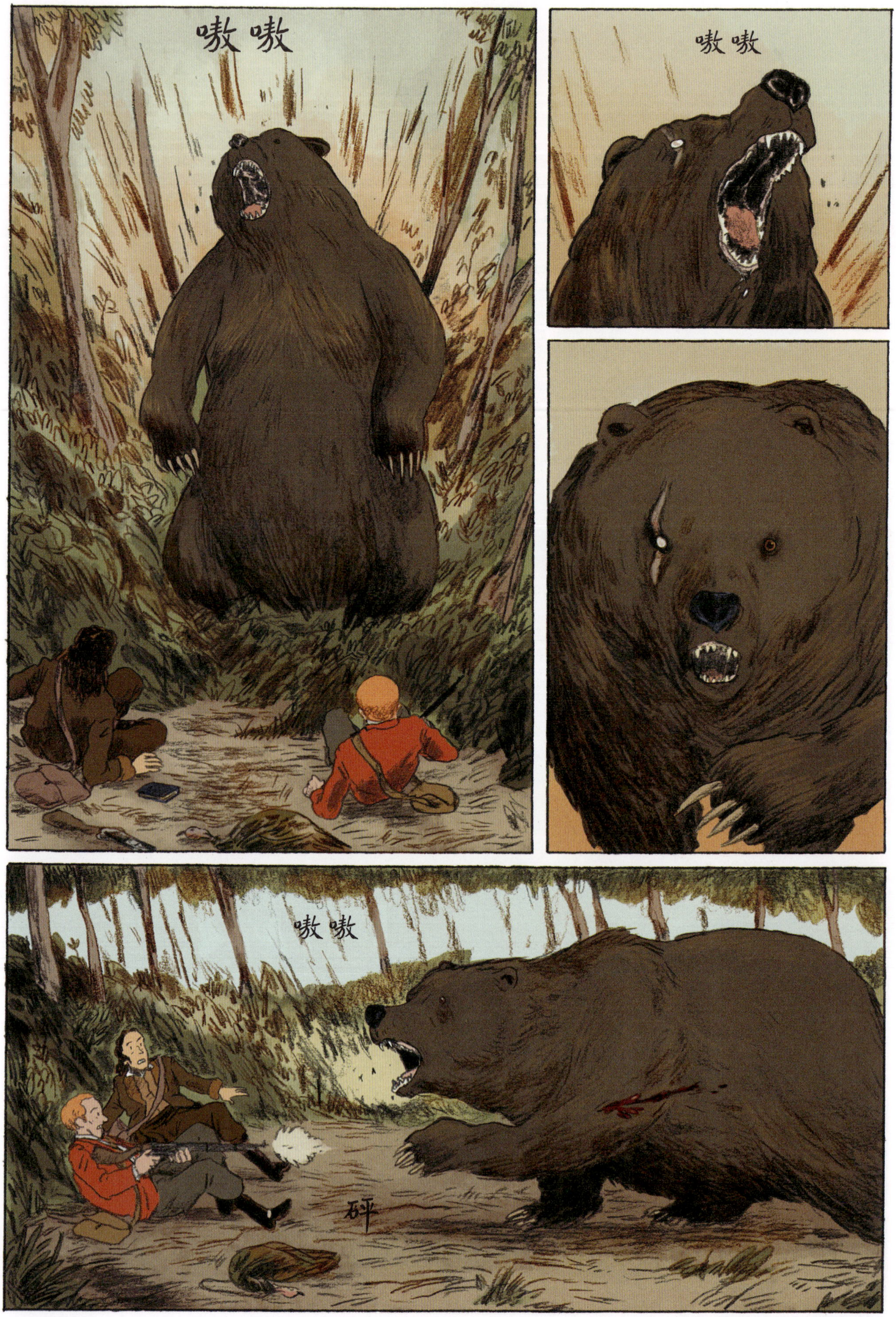
嗷嗷
嗷嗷
嗷嗷
砰

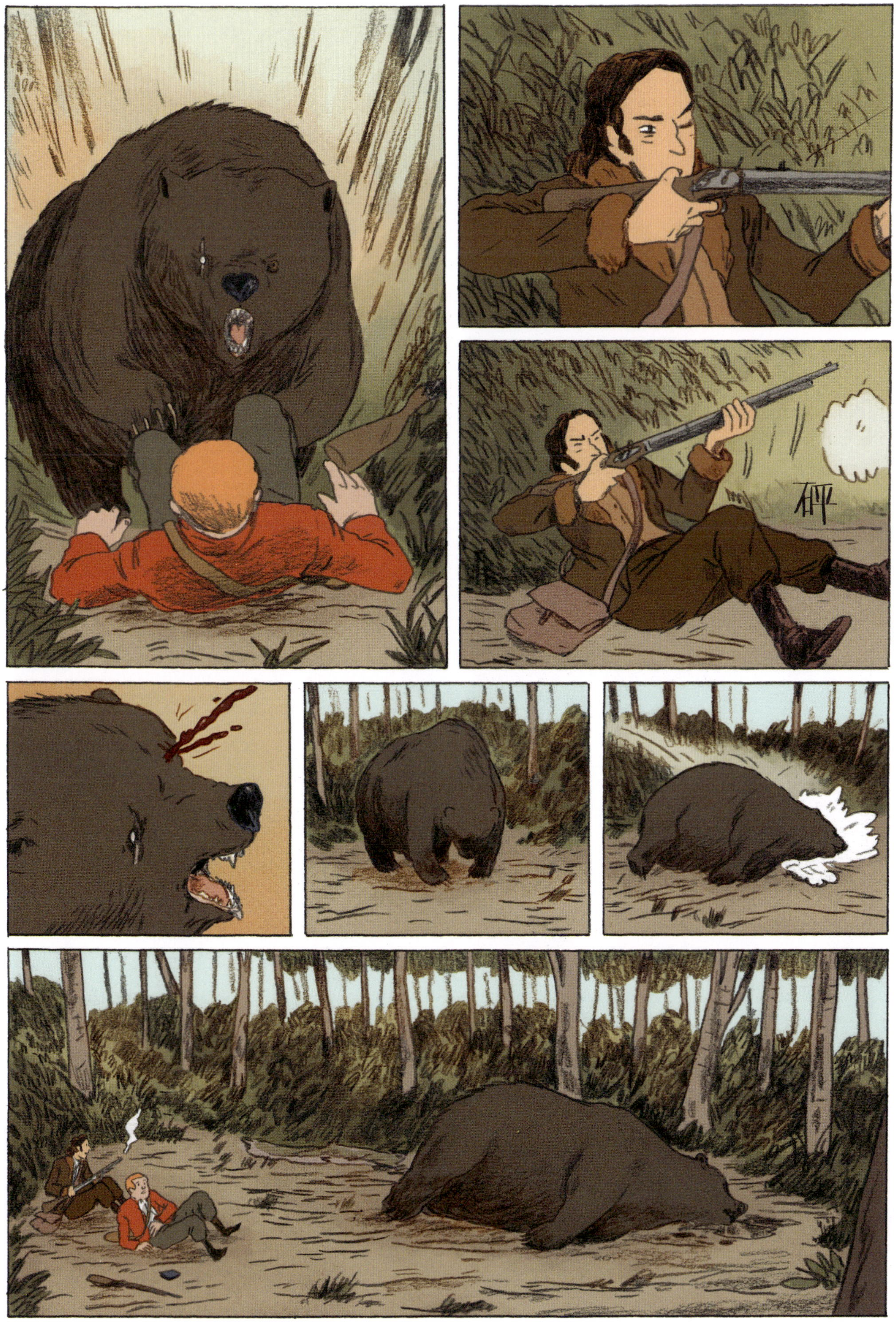
砰

这是之前那只独眼熊。

对于科斯考人来说,它是森林里的游魂。

它在很久之前就死过一次,子弹从它的右眼进去击穿了它的头,但它又回来了。

可能这次它还会再回来。

当心,奥杜邦,它甚至可能会回来找你。

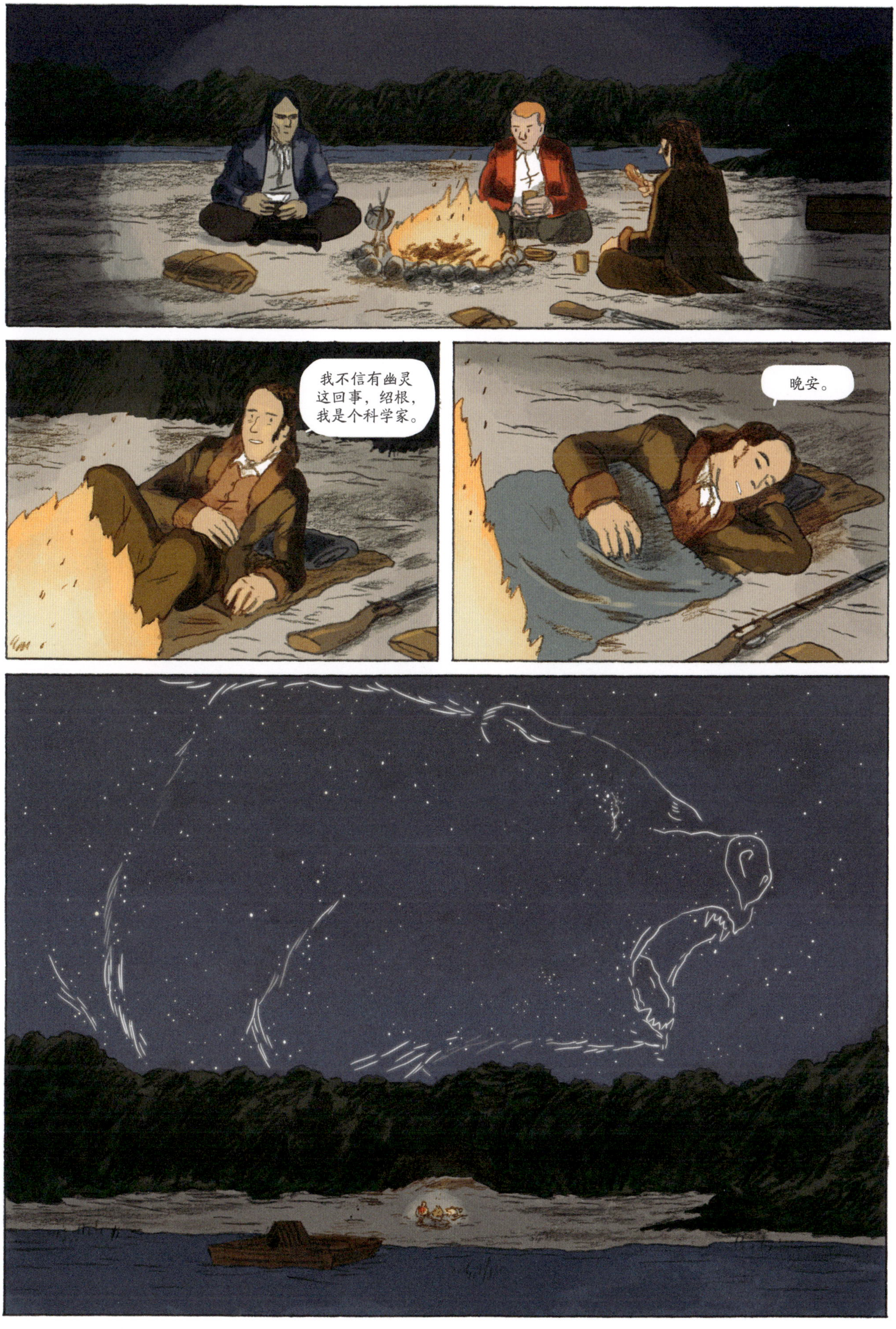
我不信有幽灵
这回事，绍根，
我是个科学家。
晚安。

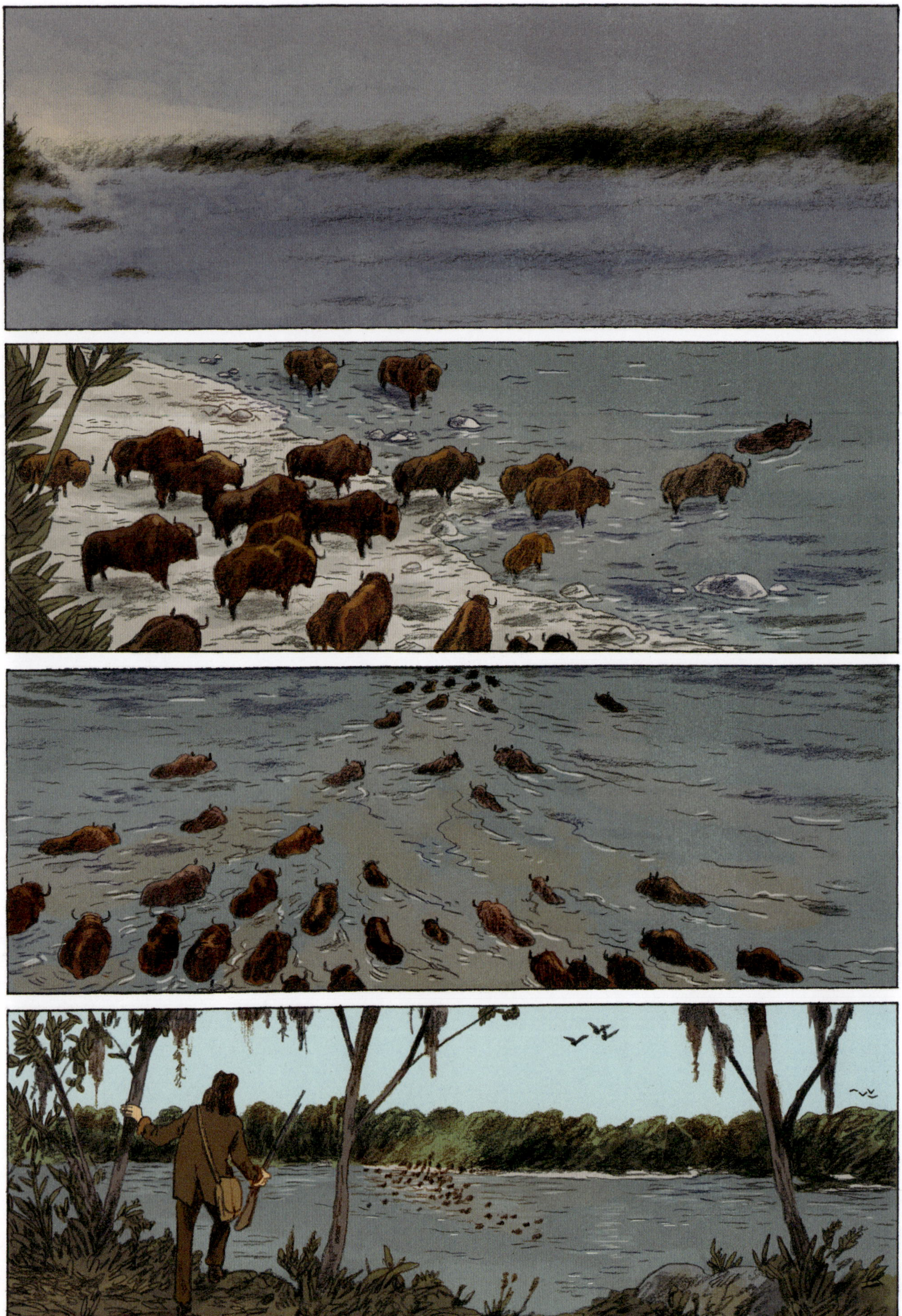

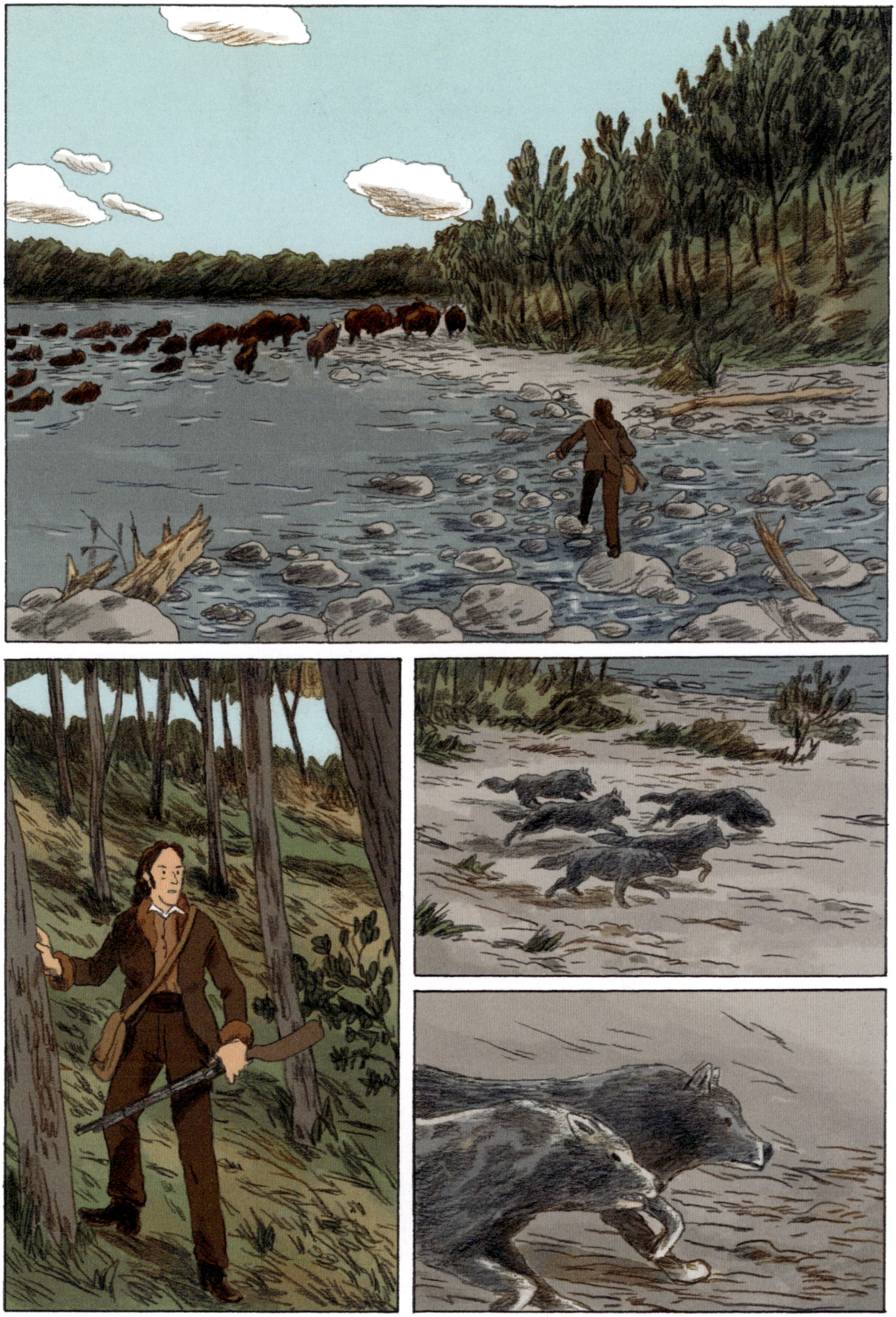

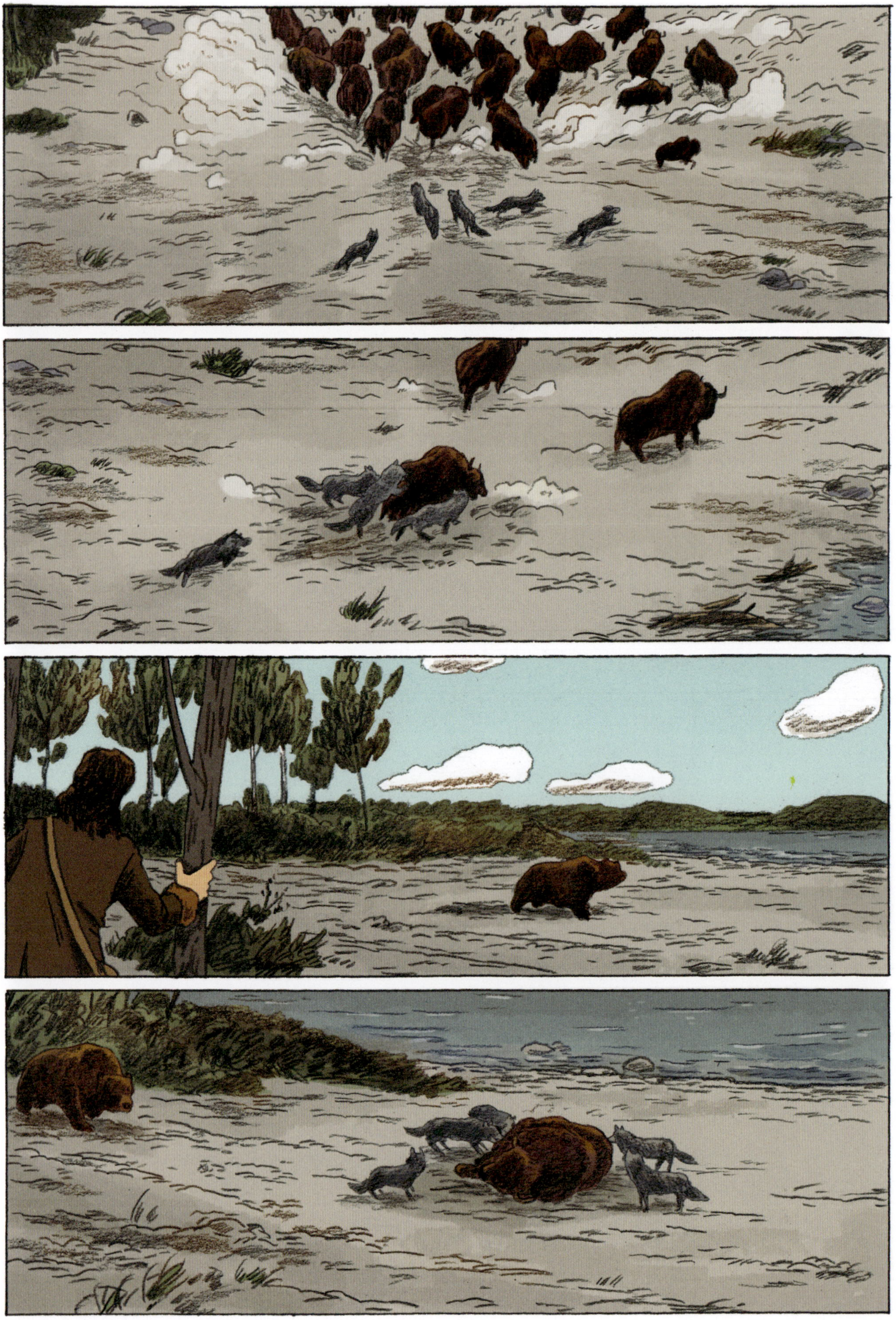

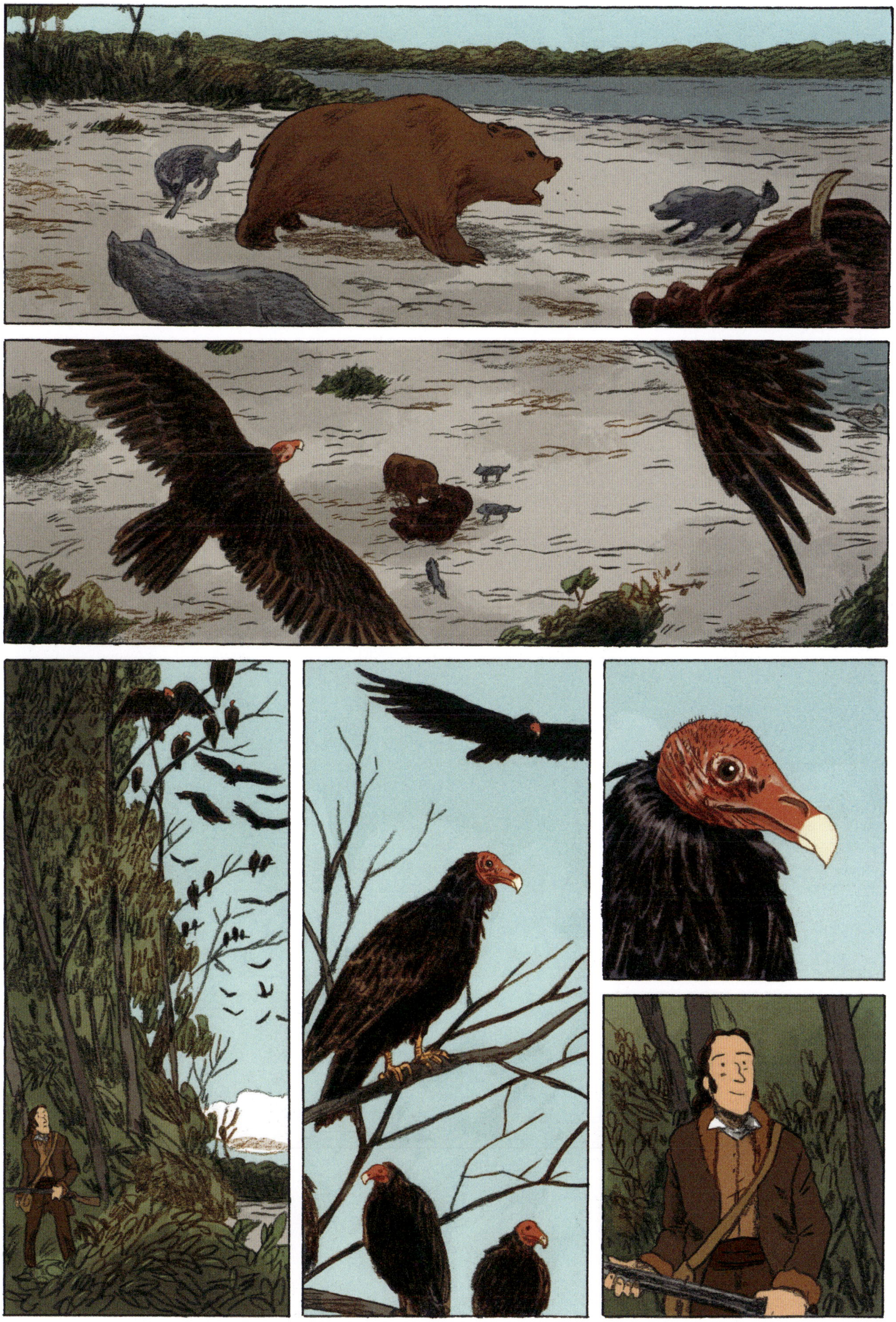

"我周围笼罩着一种神秘的寂静，无数只昆虫发出的嗡嗡声也几乎不会打扰到这种静谧……"

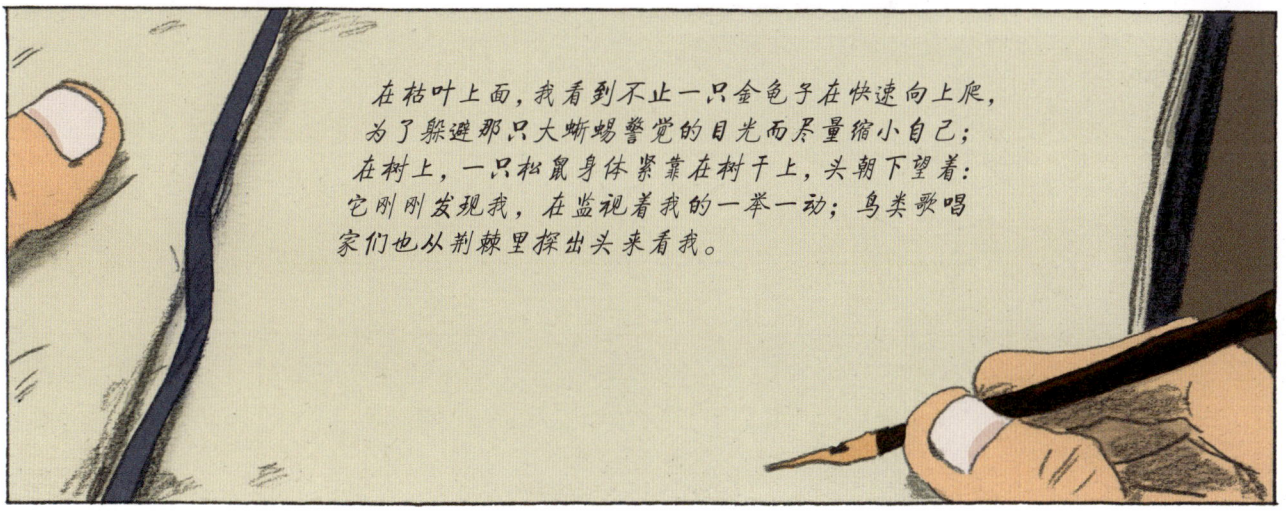

"嗜血的蚊子试图停在我的手上，而我也就让它在手上自由活动，以便更好地观察它……"

"看着它把它那细小的针管敏捷地刺入我的皮肤里。"

"它就把红色的液体吸了个够：在很短的时间内它的身体就膨胀起来，然后艰难地张开它的小小翅膀飞走了，不会再回来。"

在枯叶上面，我看到不止一只金龟子在快速向上爬，为了躲避那只大蜥蜴警觉的目光而尽量缩小自己；在树上，一只松鼠身体紧靠在树干上，头朝下望着：它刚刚发现我，在监视着我的一举一动；鸟类歌唱家们也从荆棘里探出头来看我。

啊,先生,您回来了!
"收获"还不错吧?

棒极了!绍根,我们重新起航吧。

约瑟夫,你已经开始画画了?

可怜的啄木鸟，你对它的生命力还不够尊重。
它很漂亮，却是静止的，就像威尔逊的画。
可是，我……
您这么说是什么意思？我非常喜欢威尔逊的画，您不是吗？
威尔逊！威尔逊！你看过他的画并且仔细观察过我的画吗？两者完全不一样。
对不起，先生，威尔逊在美洲可非常出名啊，我不明白。
啊，我不想跟一个威尔逊的门徒讨论。
我还以为你是奥杜邦的学徒，而不是威尔逊的，我亲爱的约瑟夫！

你不要误会，威尔逊以前是我的朋友。他试图为自己的《美洲鸟类学》筹集资金时，在我家住了不少日子。

当时，我在路易斯维尔[1]跟朋友罗齐耶开了一家商铺。

我们只是观念不合。

路易斯维尔，1810年。

"您的画非常出色，约翰·詹姆斯，真的……"

"不过它们不科学。"

1　路易斯维尔（Louisville），美国肯塔基州北部港口城市，滨俄亥俄河。

它们太生动，
太富有感情色彩了，
您明白我说的话吗？
什么？
这是一个艺术家的视角，而不是博物学家的。
这片飞着的羽毛，还有这只游隼嘴上的血迹，代表着什么意义？
生命，亚历山大，我想表达的是这个。
GROCERY
在我看来，不应该让情感凌驾于要表现的物体之上。
而你这个……你这个完全相反。它好像要从纸里冲出来。太“浪漫”了。
你没搞错吧，威尔逊！
鸟儿是活的生物，而不是简单的死物。
是的，我画的游隼在叽叽喳喳尖叫着，翻找着鸭子还热乎的内脏！贪婪地吃着它的肉，
嘴角还淌着血！是的！是的！是的！

就因为这样才是一个活生生的生命！
观察游隼的习性，以及它的生活方式，然后把它天生的状态画下来！
是的，我亲爱的威尔逊，这就是我看待绘画的方式！
可怜的威尔逊。
约瑟夫·梅森，你想知道这个可怜的亚历山大后来怎么样了吗？
很不幸，他最后又穷又病，没有看到他的《美洲鸟类学》完成和出版。
但我相信他最后明白了我那些画的含义。

嘿，过来
看看。
来欣赏一下这
一身异常美丽
的蓝色羽毛。
真是
太美了！
今天早上我观
察这些松鸦很久，
它们美极了。
我把它们打下来
也不过几个小时。
生命已然离它们
而去，死亡使它的
毛色变得暗淡阴沉。
首先测量一下。
仔细记录：爪子的
长度，嗯，让我们
来看看……
体重，92 克。
是一个非常好
的标本。翼长，
胸腔大小……
然后把它的内脏掏空，
记下胃里的情况，这通常
十分有趣。

你不要被它们漂亮的外表所蒙骗，这些蓝松鸦是强盗，是卑鄙的小偷！	今天早上我撞见它们正在掠夺一个鸟巢…… 鹦鹉的巢吧，我想。	轰隆隆 轰隆隆 它们正在巢里欢快地吮食着鸟蛋…… 好好记录！其他都是些各种各样的种子。
好了，我现在要把它复原了，把麻线递给我。 再帮我准备铁丝和一些别针，好吗？		现在，我们要使它重获新生……
为了能在纸上尽快呈现出它生机勃勃和独特的样子。		呈现出它确切的颜色及其无限多的渐变色调。

呈现出我刚才在破晓时分看到的这只鸟儿的动作。

威尔逊错了：所有这些，都是我们能够，并且应该在画里面表现出来的"科学的"数据，我亲爱的。

好了。棒极了。

轰隆隆轰隆隆

欣赏一下这尾巴和展开的翅膀所摆出的灵动的姿势吧。

我们就应该这样把它表现出来。

人们会觉得它是从死亡之国飞回来的,不是吗?

咔嚓

暴风雨就要来了，奥杜邦。约瑟夫，你来替我掌舵，我要加固一下绳索。

您不应该玩弄已经逝去的生命。

嗯？

先生，如果您问我意见的话……

哦，约瑟夫，你看！

朝我们飞过来的不是什么好东西。

那是些黑雁！

轰隆隆轰隆隆

II
密西西比河

1　路易斯安那州（Louisiana），美国南部的一个州，位于墨西哥湾沿岸。

嗯，他很有才华，毫无疑问……他什么时候回来？
露西，听我说，我非常欣赏您，孩子们更是如此。他们取得了很大的进步。
我当然希望您能留下来和我们在一起，越久越好。
不过我认为一个已婚男人应该陪伴在他的妻子和孩子们身边。
夫人，当他画完美洲的鸟儿的时候，他会回来的。
哪些美洲鸟儿？
所有的鸟儿，夫人。
所有的。
我的天哪。

72

1 纳契托什（Natchitoches），美国路易斯安那州下属的一座城市。

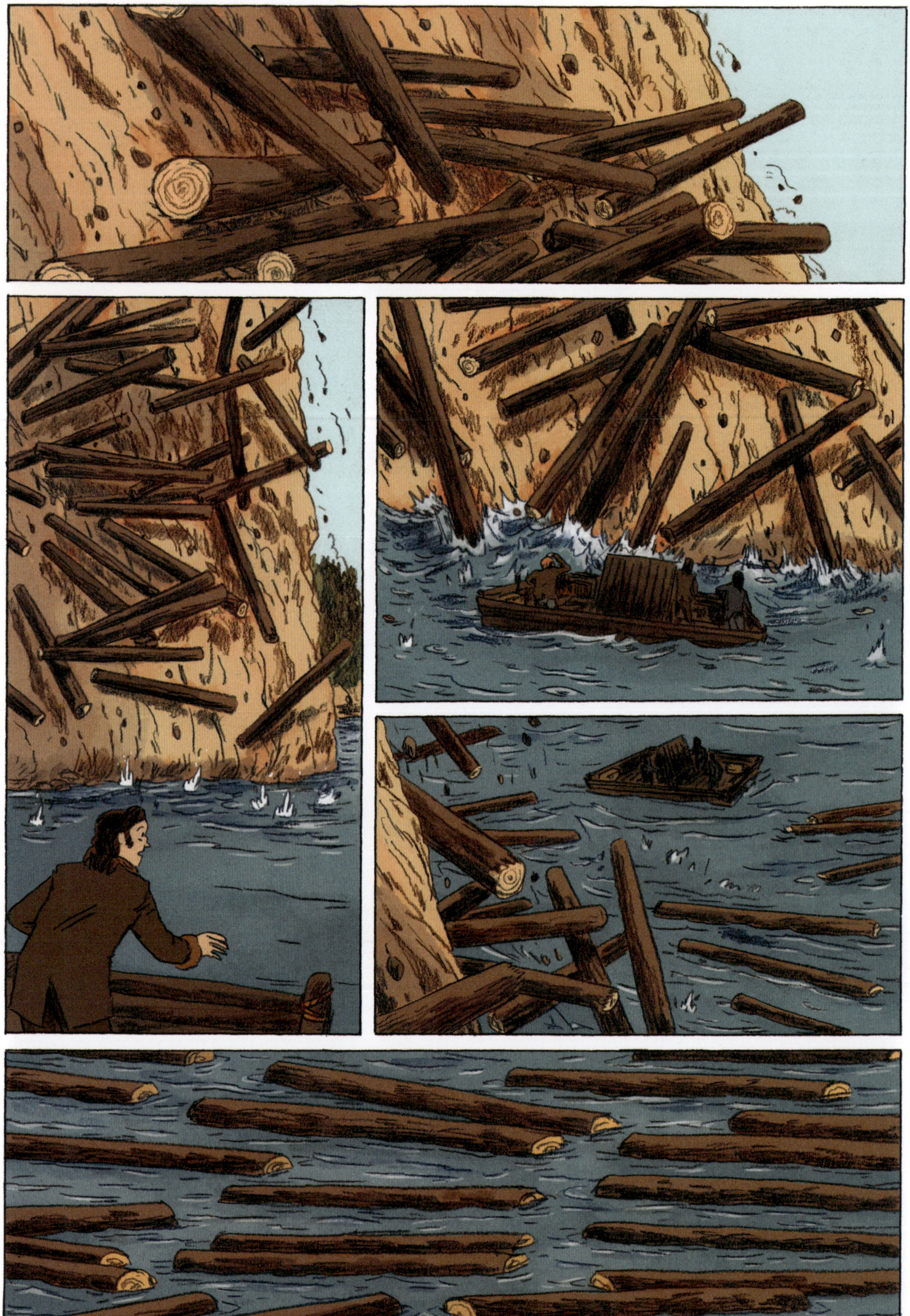

下面的人，还好吗？　哈哈哈！

你们好，先生们，今天天气真好，不是吗？

先生们，欢迎你们，祝你们有个好胃口。

奥杜邦，您就是这样画画的？

是的，先生。我们伟大国家的自然资源是如此富饶。

尤其是生活在其中的鸟儿们。

嘻嘻嘻。

| 我非常理解您。 | 我真想明天陪您一起穿越森林去狩猎。 | 如果你们在10年前来这里拜访我们的话，嘻嘻嘻。 |

| 我就能够带你们去看看隐藏在这片丛林里的奇妙地方…… | 带你们去探寻只生活在这里的各种鸟类。 | 你们不知道我有多么怀念这些美妙的东西…… |

或许这样更好？我也不知道以后的日子里人们准备对这个地方做些什么事情……奥杜邦先生，您对此有什么看法呢？

老实说，有时我倒想当个美洲的印第安人呢。
“去认识这个古老而美妙的世界，如初创世界般纯净，而今天我们只能听到这个世界的回声了。”
漫步在过去的草地或森林里。
在我们这些外来的欧洲人没有到来之前的过去。
“我有一次跟一群印第安武士在一起（我跟他们一起狩猎）。”
“他们看起来如此自由而独立，对世界上其他的事情如此漠然，让我对他们既钦佩又羡慕。”
“然后一个印第安女人以最原始的姿态加入了我们。”
“一个非常美丽的女人。”

“每当我遇到那些骄傲地裸露自己身体的印第安人，”
“我都会因造物主的伟大而肃然起敬。”
“在那一刻我感觉回到了原始时代，而在我面前站着的是夏娃。”
“不过我也看到这种人类与自然相互依赖，如幻象般的田园牧歌式的生活正在逐渐消失。”
“就像醒来后正在逐渐消失的梦一样。”
所以呢，是的，您说得对，我想我们已经到了一个世界的尽头，森林世界的尽头……
但是我们有权因此而忧伤吗？
如果这是为了让位于一个伟大的国家，难道就得不偿失了吗？

嘻嘻嘻!

嘻嘻嘻!

先生?

?

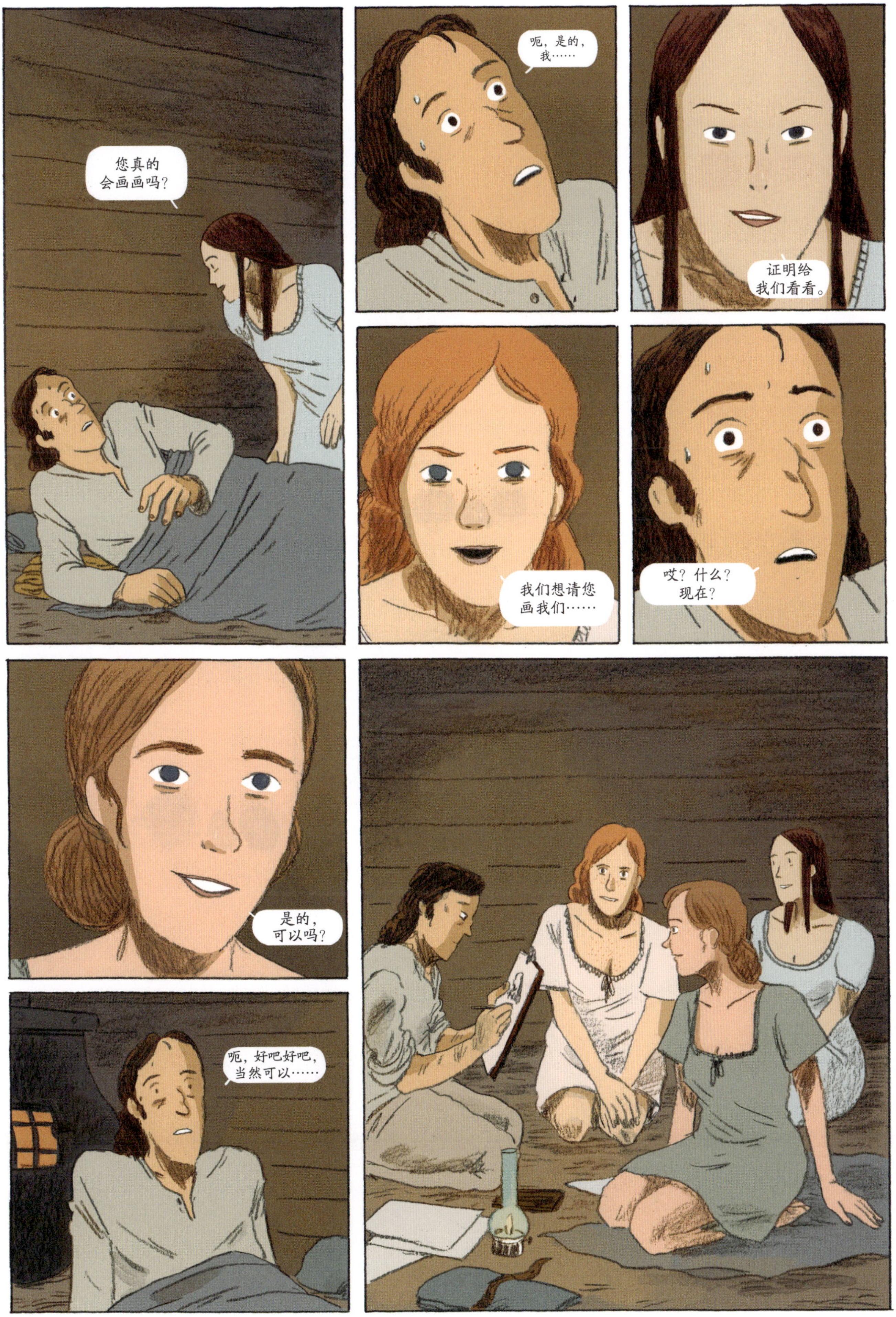

您真的会画画吗？
呃，是的，我……
证明给我们看看。
我们想请您画我们……
哎？什么？现在？
是的，可以吗？
呃，好吧好吧，当然可以……

太阳徐徐西落，
昏星闪耀夜幕；
鸟儿在巢中沉默，
我也该寻觅归处。
月亮仿似一朵花儿，
开在天堂高高的树荫下，
怀揣安静的喜悦，
微笑着端坐于夜色里。
好了。
现在让我
睡一觉吧。
我累了。

1 《夜色》，原文为英文。作者威廉·布莱克（William Blake，1757—1827），英国第一位重要的浪漫主义诗人、版画家，英国文学史上最重要的伟大诗人之一。

绍根！
他身上很烫！
露西……我亲爱的露西……
疟疾……
他现在很危险。
该死！
我们该怎么办？干等吗？
不，我们得上岸。
我知道有个人能救他，在不远的地方。

85

是迁徙的鸽群。	我真不敢相信自己的眼睛。 我还从来没有见过这么多。
约瑟夫，我们应该数一数。 1, 2, 3, 4, 5, 6, 7, 8, 9, 10, 11…… 先生，您还好吧？	……315, 316, 317, 318, 319, 320, 321……

> 您非常清楚这样数是没什么用的……它们多得根本数不清。

> 绍根,把枪给我……

> 您说什么?

> 我们得抓几个样本……

> 我想研究它们,我想……

> 把它们画下来。

88

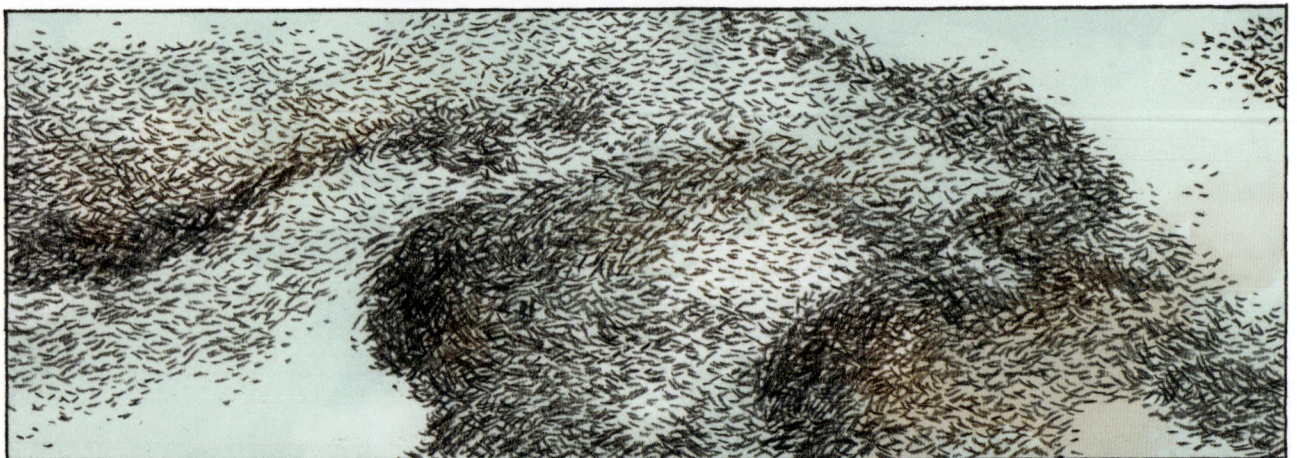

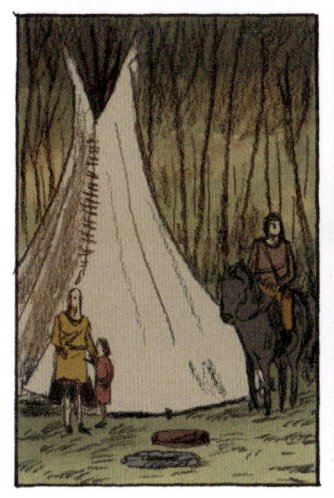

我们在哪里？ 绍根，这是些什么人？ 他身上发烫。

要尽快采取措施！ 他快要离开我们了！

我们到了。

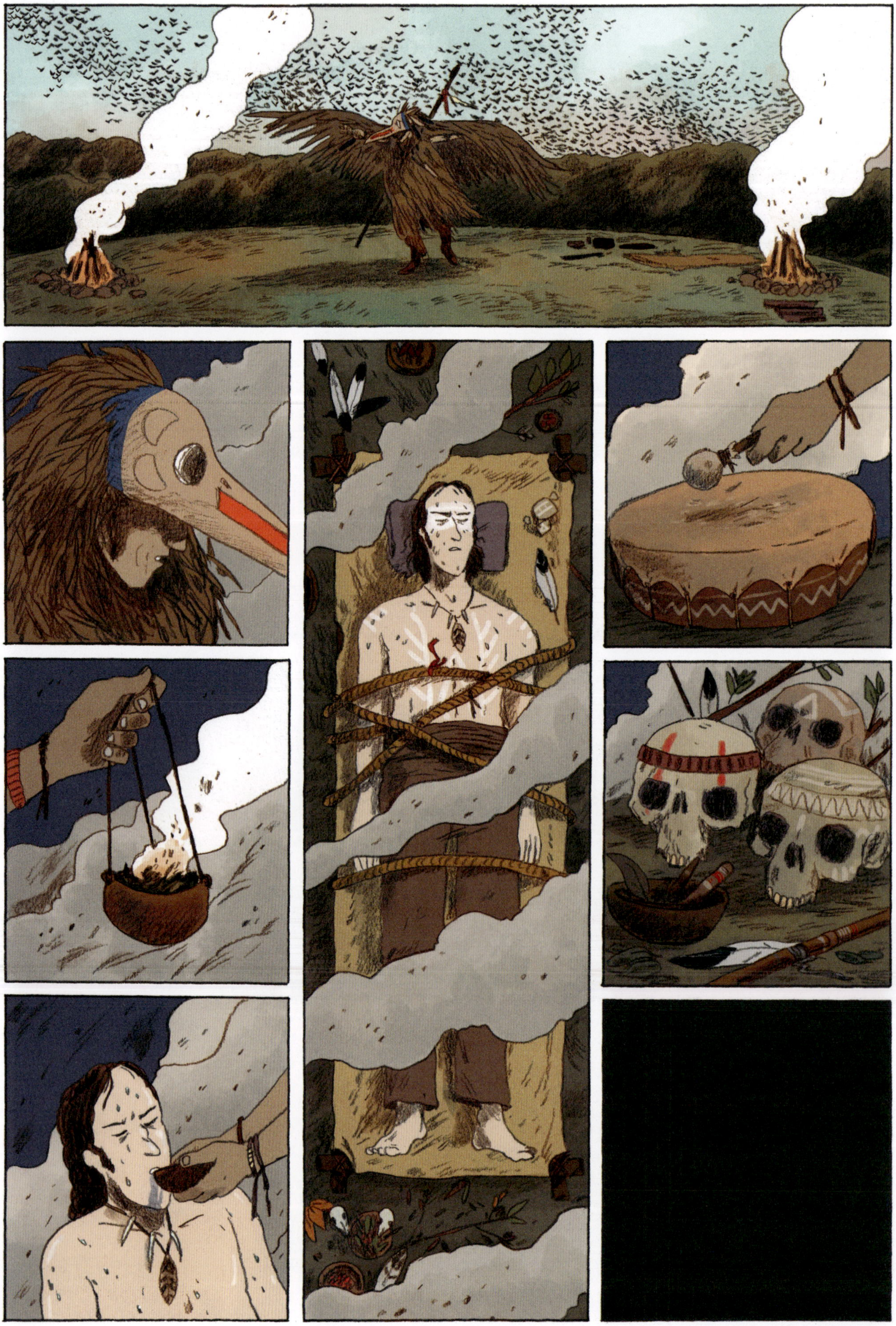

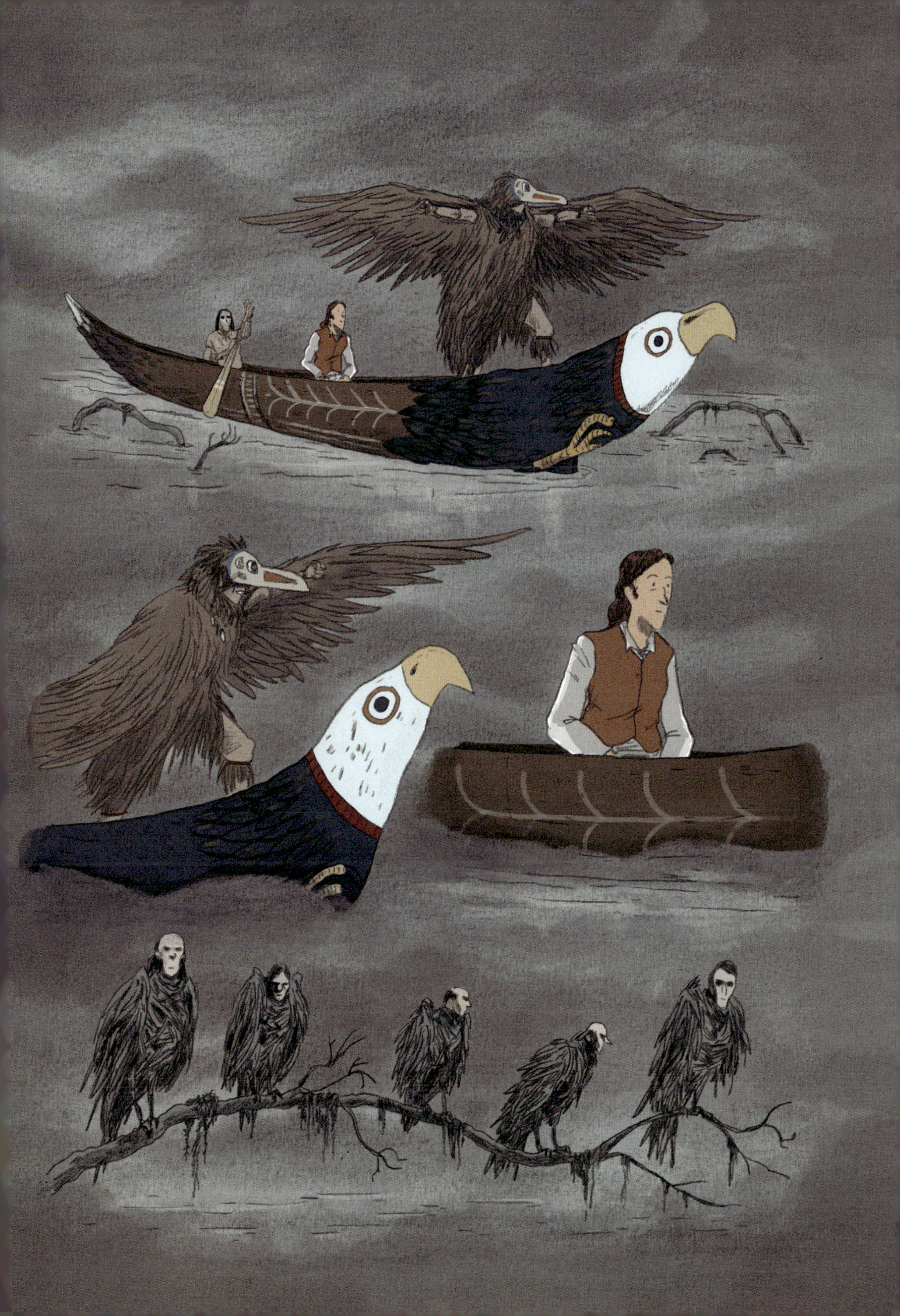

> 威尔逊?

> 奥杜邦。
> 你知道吗?
> 我想通了。

> 想通什么?

> 为什么那时你没有支持我……

> 当我请你资助我的《美洲鸟类学》时。

> 我还以为你是因为经济困难,但原来不是,不是这样的。

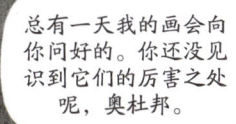

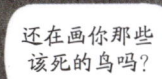

1 拉热尔伯蒂埃（La Gerbetière）：奥杜邦童年时住过的房子，位于法国大西洋卢瓦尔省的库厄龙市，属于南特区。奥杜邦曾在那里度过几年的童年时光，其中包括法国大革命时期。

谁……？
你们是谁？

哦,我的天哪!

这怎么可能?!露西?是你吗,我的小露西?

你,你是小……罗丝,不是吗?

已经这么……

大了……

要是你们知道我有多么想念你们……

你们的母亲无时无刻不在思念你们……我

她多么想见到你们啊……

接着走吧,来吗?

再见,我的小宝贝们!

我真高兴看到你们是如此……

有生命力。

去吧,她在等你。

"她","她"是谁?

拉热尔伯蒂埃……

自从离开法国后,我再也没有回过这里。

真奇怪,在我的记忆中,它看起来更宽敞。

您好,小姐,请帮我通传一下,我叫约翰·詹姆斯·奥杜邦。

呃,您还在等什么?

你……

我?

1　玛丽·安托瓦内特（Marie Antoinette，1755—1793），早年为奥地利女大公，后为法国王后。法国大革命爆发后，法国国王路易十六被废，法国宣布废除君主制，安托瓦内特被控犯有叛国罪。

1　宾夕法尼亚州（Pennsylvania），美国东北部的一个州。

先生,烧已经退了吗?

我的画!

一切顺利,先生,您冷静一下!

约瑟夫,不能把我的画交给他们。

咳咳咳!

咳咳!

咳咳咳!

咳咳!

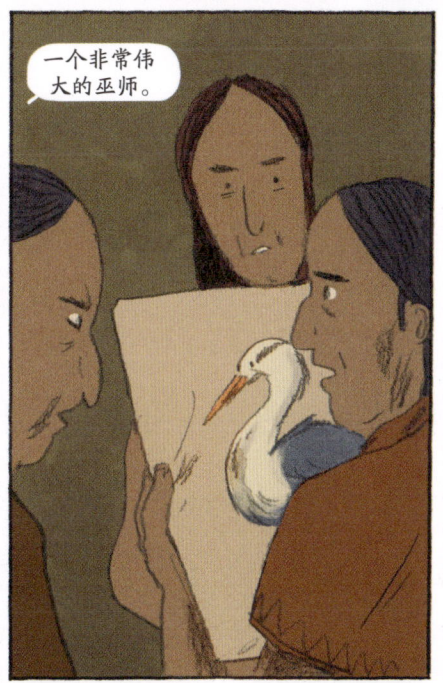

他们在说什么？

他们说您是一个伟大的巫师。

一个非常伟大的巫师。

把它们拿回来，约瑟夫，不能让他们把我的画……

好的，我会把它们拿回来，先生，您再休息一会儿吧。

您大病初愈，睡一会儿吧，我会处理的。

约瑟夫？

啊，您终于醒了，我……

告诉我,这个迁徙现象持续多长时间了……

您要是知道的话……3天了,先生,没有中断过,这群鸟儿简直无穷无尽……

什么时候才会飞完呢?我再也受不了它们发出的叽叽喳喳声了!

晚上,他们就聚集在树上,发出低沉的沙沙声,让人无法忍受。

先生,根本没法睡着。

嚓嚓嚓嚓嚓嚓

那些印第安人,他们去哪里了?

他们早上全部离开了。

一下子就消失了!

绍根呢?绍根在哪里?

我担心，他也消失了。
只剩下我们俩了。
上路吧，我们要回船上去。
现在？可是您才刚刚好一点！天马上就要黑了！
我们还是等到明天早上吧，我觉得……
你在怕什么？晚上散一下步对我非常有益。
今天是满月，而且你也说了反正我们也没法睡着……
我已经在这儿浪费太多时间了，往前走吧！

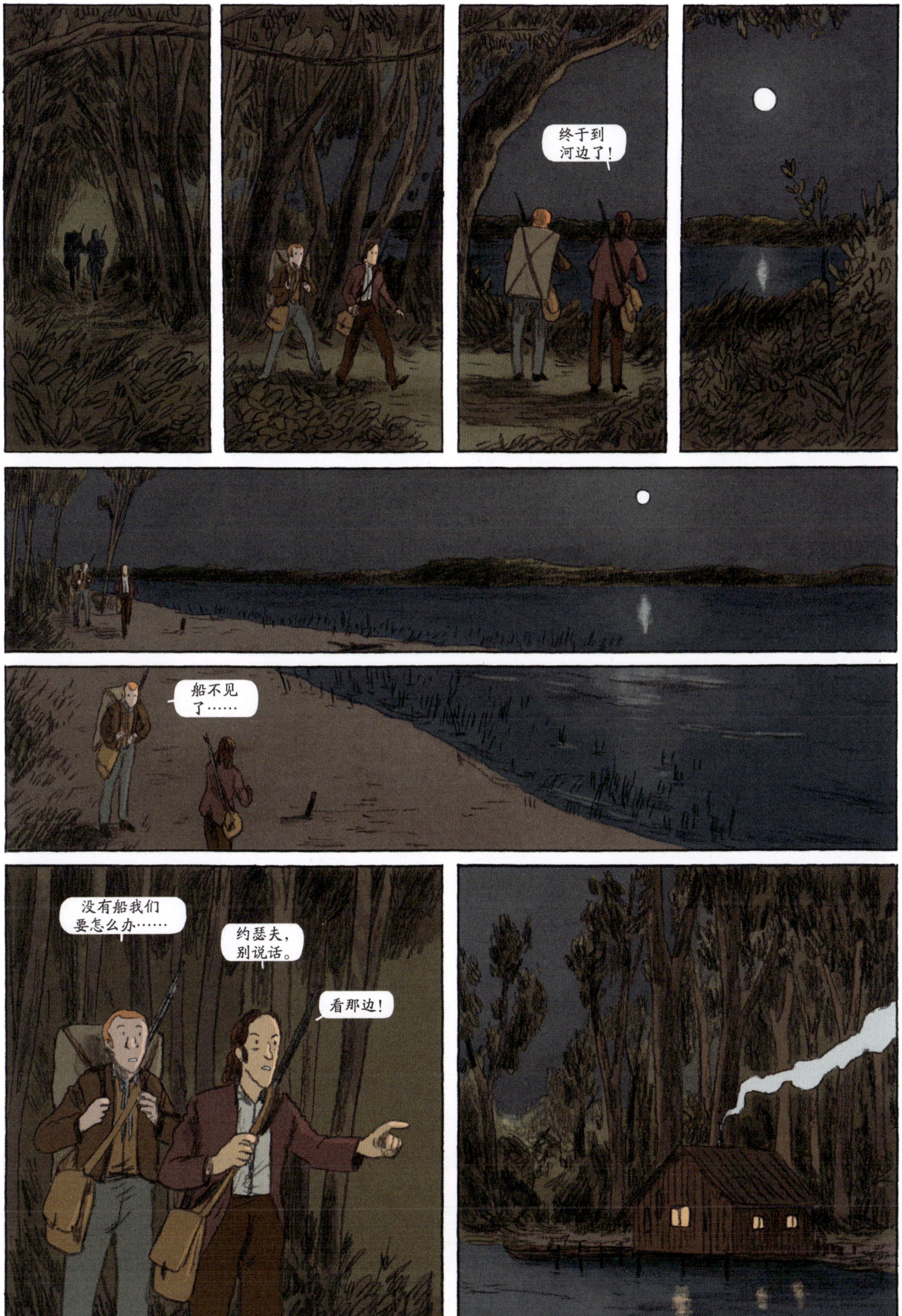
终于到
河边了！
船不见
了……
没有船我们
要怎么办……
约瑟夫，
别说话。
看那边！

104

请你们原谅，但是因为实在太晚了，而且我们走了很久……

我们能向你们借谷仓一角来稍微休息一会儿吗？

哈哈哈哈哈！我不知道您怎样，但我会如婴儿般熟睡！

你别期望太高。

约瑟夫！走后面！
太迟了！这边也一样！
拿上画，快！要把它们带走，我来对付他们。
这一切都是由一只表引起的！你们真是不幸！
开门！
砰！

砰！

砰！

我们必须成功跑到森林里去。我们不得不毫无掩护地跑过去……

砰！

我有个好建议：让他们走，你们回自己温暖的家里去！

绍根！

快，约瑟夫，趁现在！

绍根，你去哪里了？我还以为……
我去找木筏了，但这些卑鄙的人把它掠夺一空，还把它弄沉了。
啊？那些食物、我的器材、弹药……全都没了？
我们得回去！
不！他们被我突袭了一次，但要来第二次是不可能的了。
我们得快点走，离这些人越远越好。

先生，您注意到了吗？
是的。
鸽群消失了。
遮天蔽日的鸟群持续了3天以上。
我想我们能大概估算出，这群鸟儿的数量不止……
10亿只……
没人会相信我们。
嘘！
绍根？
又发生什么事了？
从出发以来，我们的境况就越来越糟……
安静！
什么？

呜呜呜呜

哈哈哈！看看这是谁？原来是喜欢在森林里撒野的约翰·詹姆斯·奥杜邦。

先生们，欢迎上船！

尼古拉斯？！啊，我还从来没有因为见到一个人而如此开心过！

奥杜邦。
?
我回森林里去了。
我为您做的事就到此为止了。
谢谢，绍根，你给我帮大忙了。这是你的酬劳。
先生，您就让他这样走了？
绍根，一路顺风。
您在亨德森镇遭遇不幸的事情后，我和我父亲见面时他告诉我，您最终没有做生意了……
并从此跑去研究鸟类了？
我非常好奇，想见识一下您的工作。
另外，您可以趁此机会画一下我们这位老查理吗？
乐意至极！
先生，这是您的舱房。

1　新奥尔良（New Orleans），美国路易斯安那州南部的一座海港城市，同时也是路易斯安那州最大的城市。

III

新奥尔良

啊，奥杜邦，我得说这非常成功，太棒了！

我绝对重新见识到了我这宝贝女儿的美貌和她的强烈个性！

| 拿着，我亲爱的，你非常值得拥有这笔酬金。 | 谢谢。 | 来吧，我送您出去。 | 伊丽莎小姐，再见！ |

我们这个周日组织了一场小范围的打猎，敢问您能一起参与吗？

哦，我很乐意，我是随时准备好去打猎的，在路易斯安那州我还有好多种类要研究。

啊，我差点忘了。拿着，这是交给我那位在博物馆工作的朋友亨利的推荐信。

啊，对此我也非常感谢您！

他一定会欣赏您的才华的。

但愿上天能听到您的话。

约瑟夫？

1 圣路易斯（Saint Louis），美国密苏里州东部大城市，位于美国密西西比河中游河畔。

先生，您跟我一起走吧！我们一起回去吧！我可以帮您预付这趟旅费。
您不想回去看看您的孩子和您的妻子露西吗？
不要再说了，乔，你非常清楚我想得要命。
但不是现在，在离目标如此近的时候。
我在这儿还有很多工作要做。
那些半岛、大沼泽、众多支流……这个国家的资源是如此丰富！
呜呜呜呜呜
再见了，约瑟夫。

奥杜邦先生,您的画作非常出色。

是名副其实的艺术杰作。

但是确切地说,在我们看来,它们是艺术作品,不属于自然主义的范畴。

> 几年前，我们答应赞助弗·亚历山大·威尔逊，我想您也认识他。

> 他的作品更具分析性而不是倾向于表现主义，这更使我们感兴趣。

> 确实是这样。

> 他的画作已经完全能满足我们了。

> 确实是这样。我完全同意。

> 我们不能以博物馆的名义来帮助您，我对此感到非常抱歉。不过，查尔斯，你对此怎么看呢？

> 威尔逊可以作为参考的范例。我们之前的投资负担已经够重了。我不觉得出一本新的《美洲鸟类学》有什么意义。

> 我认同这个分析：在巴吞鲁日[1]，我们也是威尔逊的赞助人。这对于我们来说足够了。

> 而且，据我所知，在美洲还没有雕刻家能够蚀刻出这样的版吧？

> 是啊！对我来说，我是不敢蚀刻这种想象画的！绝对不敢！

> 唉！您在那片旧大陆会有更多机会的，但是，在这里……

> 恕我直言，奥杜邦先生，为什么您要执着于创作一部科学作品呢？

> 确实如此！我在华盛顿有一位很杰出的朋友，他经营的画廊很有名。如果您愿意的话，他应该能让您扬名于艺术收藏界。

> 没错！让每个人都待在自己应属的位置，科学家在博物馆，画家们在画廊。

1　巴吞鲁日（Baton Rouge），美国路易斯安那州首府和第二大城市。

1 波士顿（Boston），美国马萨诸塞州的首府和最大城市。

哈哈哈！

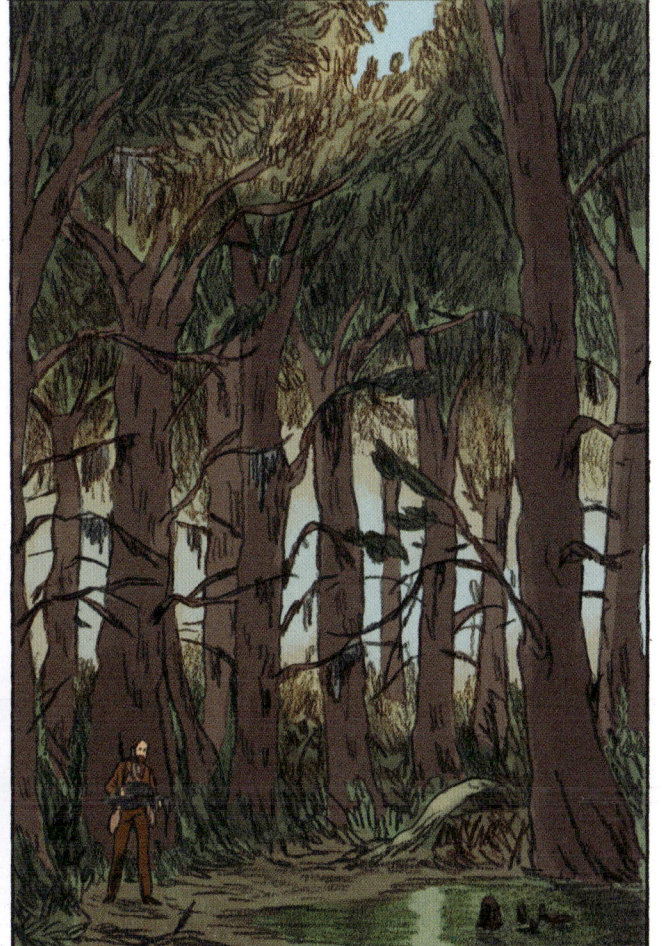

谁……？谁在那儿？	站住，不然就没命了！	放下武器！

好的，好的，请冷静一下。

我不会伤害您的，我向您保证。	我不害怕，没什么问题，我也不会伤害你的。	你是谁？

拿着，这是我的枪，这样您就可以看出我是个诚实的人。
大人，帮帮我，我求求您了。
嗯？好的，当然……
我有一只小船，如果您愿意跟我来的话，我发誓您会非常安全的。

呜呜呜！

?

不用害怕，这位大人是来帮助我们的。

啊，谢谢，
真是太美味了！
我喜欢简单的饭菜，已经很久没有吃过了……
不过在这儿你们是怎么弄到这些土豆的呢？
而且你们是怎样在这些沼泽带里生存下来的呢？就靠这支连苍蝇都伤害不了的蹩脚步枪吗？
我的奴隶朋友们暗中帮助我们，不过生活还是很困难。所以我们需要您的帮助……
孩子们，快睡觉吧，睡吧，嗬！
呵呵呵，
不要！
如果您愿意的话，我们去外面吧。
嘘。
大概是在8个月前，约翰逊，一个庄园主——我们本来在他家里生活得“很好”的——遭遇了一些经济上的损失……
他被迫把自己的奴隶拿出来拍卖。

我的妻子被卖到了几百英里以外……
我的孩子们全部被分散安置在附近的种植园里。
在一个暴风雨夜里，我逃走了。
我花了几个星期的时间把我的家人聚集到这个临时的避难所。
把他们一个接一个地解放出来。
我没法忍受远离他们的生活。您明白吗？
?
大人？没事吧？
没事。你继续说。
但是逃亡的生活非常困难。
我们被追捕，还得挨饿，一直处于危险中。
我们终日生活在恐惧中。
我甚至开始怀念旧主人还有以前的生活，虽然当时生活也很困难。

我会去跟约翰逊谈谈，他是个率直的人。
谢谢。
据我所知，他的生意有所改善了。他也许能够重新买回你们。
但是你们不应该继续留在这片沼泽带里，那些追捕者迟早会把你们抓住的。
唉，在我们这个时代，对于逃亡的奴隶来说，除了自首根本没有别的出路……

真是落魄啊,那个可怜的男人。

您认识他吗?

认识,他叫约翰·詹姆斯·奥杜邦,是个法国画家。

不会吧?真的吗?

奥杜邦先生吗?我是普罗文医生。

我希望能看看您的鸟类画。

您真是我唯一的知音。

太不幸了!

好臭啊！
我能开窗吗？
它们在这儿的数量太多了，您知道……
我每画一种鸟儿，都会发现一只新的，然后又一只，再一只……
琵鹭、白鹭、白腰朱顶雀、燕鸥，还有戴菊莺、森莺……
我觉得伊甸园就在这儿，在白种人到来之前……
我都不知道我要怎样才能成功把它们全部画下来。
没想到，我亲爱的威尔逊，在美洲它们的数量这么多！

威尔逊？

您就按它们的自然天性来画？
当然！不然的话还有什么意义呢？
做事情就应该认认真真。

那么，您因此得猎杀几十只吧？
我习惯于说，如果我一天猎杀少于100只鸟儿，那是因为这种鸟儿太稀少……

您像这样掉牙已经多久了？
哎哎！
您冷静下来，坐下！
我是医生。我也一样，知道做事要认真。
该死，您已经多久没有进食了？
我需要新的颜料来画大火烈鸟。
您觉得这样做很明智吗？用力呼吸。
我可怜的老兄，您快不行了。
您必须停下来，您的鸟儿们会等您的。
我不能，我跟您说，我有太多要……
如果您继续这样下去，很快就什么也画不了了。
明白吗？
您有朋友或家人吗？
有……
有吧，我想……

"我亲爱的露西,"

"我已经很久没有告诉你们我的近况了,唉,我也很久没有收到你们的消息了。"

"你们的信件都丢失了吗?"

"至于我,最近几个月,我完全忙于我那项'重要'的使命……"

"它比我几年前想象中的要更疯狂和更激动人心……"

"这项工作显得更疯狂，是因为除了我之外，似乎没有其他任何人可以认识到它的重要性以及伟大之处。尤其是那些搞美洲科学的先生们。"

"我们得现在就把这些鸟儿画下来，尽管如今它们还成千上万地生活在世界初创时的宝地，因为我恐怕，很快就会变得太迟了。"

"我必须向你坦承：不久前我的时间全部被这项疯狂的使命所占据，我准备完全与这片神奇的美洲森林融合在一起，因为我对人类感到厌烦了。"

"可是一个男人来到我身边，并救了我。"

"我的生活或许有一天可以被概括为我所经历过的那些奇遇？"

"这个男人,这位叫普罗文的医生,照顾我并最终让我隐约看到了一丝可能性……"

"回家的可能性。"

咿呀呀呀！
救命啊！
救命啊！
怎么了？发生什么事了？
一个流浪汉走进花园来了！还带着武器！
孩子们，到桌子下躲起来，快！
维克托，去把猎场看守人的枪拿过来！
等等！爸爸！是爸爸！
什么？
约翰？

我回来了。

哈哈哈！

露西，我…… 嘘。

喔喔喔！

它们在那儿，我把它们放在一个箱子里。

加上我这次旅行带回来的，我差不多要有200幅画了吧？

啊啊啊！不！
该死的畜生！
该死的畜生！
不！不！
约翰·詹姆斯，
我很抱歉！
哦，这跟你毫无关系，而且这也没什么大不了的。
露西！这没什么大不了的。
真的。
在路易斯安那州，我学会了从容。
我明白了这项工作可能会花去我好几年的时间。
这些画，我会重画，画得更好！这没什么大不了的。
如果有需要的话，我会一直画下去。

我已经跟珀西夫妇谈过了。你可以在这儿办一个画室，他们答应让你在这儿给孩子们上美术课。
既然你要留在这儿……
留在这儿？
可是，露西，我必须要完成我已经开始的工作。
现在要把这些画稿刻版。
我不明白，你跟我说过这项工作是不可能的事！
那是在这里，露西，但不是在……
大不列颠。

·IV·
大不列颠

利物浦，1826年。

加油，拉福雷，英国人不会比一只老灰熊更可怕。

先生，您有一个会面。嗯……先跟您说一下，他看起来有点奇怪。
奇怪？让他进来吧，巴里。
您好，先生，我有一封普罗文医生的推荐信。
啊，没错……
还有另一封是肯塔基州州长写的，我叫约翰·詹姆斯·奥杜……
一位画家，对吗？好吧，给我看看。
7天之后。

太棒了！
这只嗜血的隼真是画得激动人心。
好一个现实主义！
是的，我经常跟印第安人一起狩猎。
您从来没有害怕过吗？听说他们既野蛮又危险。
哦，可没我这么危险，我亲爱的，没我这么危险。
哇哇哇哇哇！
他们用这种打仗一样的叫喊来交流！
让我来给你们讲述一下我在无边无际的丛林里的冒险经历吧，这些丛林正毗邻美洲的河流之王：密西西比河。
当时我正跟徒弟约瑟夫·梅森和我雇佣的一个印第安向导在一起，突然一只巨大的熊出现在眼前！
先生，我非常欣赏您画的这些鸦。
年轻人，您对鸟类感兴趣吗？

非常感兴趣。比樵夫的逸事更感兴趣,先生,请恕我冒昧。

真希望您能了解我是多么喜欢森林的静谧,比起这些上流社会的晚会来说。

我从来没有听说过这种鸟。

在那种原始地区打猎一定是一件非常刺激的事。

看来还原美洲的原生态也是我的任务之一了,您的同胞们对此很感兴趣呢。

您瞧着,今天的晚会结束时我一定得模仿火鸡的叫声了。

那么它们有什么特别的,我的这些小鸦?

我一边观察一边思考着,为什么美洲的鸦跟我们这里的如此接近却又如此不同呢?

啊,这个嘛,先生,这就是上帝造物的美丽与神奇了。

您是鸟类学家吗?

不,我还是个大学生,不过我对大自然的各个方面都很感兴趣。

啊,那么年轻人,我对此有个很好的建议:去旅行!

不要埋头在书堆里!您想从大自然中学到东西?那么,您就去投入它的怀抱吧!

世界很大,很丰富。于我而言,森林教会了我所有东西。

是的,先生,您说得没错。而且,我的这个念头也越来越强烈。

我想要去看看这个世界,去看这些活生生的动物,而不是标本或绘画,它们是如此奇妙……

> 我经常思索着远古时代，还有各种动物，当然，尤其是鸟类。

> 有人跟我说过一些不可思议的还有恐龙生存的岛屿。

> 还有一些只生活在那里的鸟儿。

> 它们是从哪里来的？怎么解释从您的这些画里看到的羽毛、大小和外形上的差异？

> 先生，我说的并不只是您的那些鸦，而是您画的所有这些珍贵的鸟儿！

> 看，您画的这只猫头鹰：它的爪子是多么适合去抓捕猎物，它的眼睛对于夜晚捕猎来说是多么完美，不是吗？

> 如果说这些奇妙的工具并不是与生俱来的呢？从某种意义上来说，

> 有没有可能是它们经过漫长时间为自己"制造"出这些工具的呢？

> 先生，您观察了这么多年，难道从来没有提出过这些疑问吗？

> 我承认我并没有。

> 您的这些问题在我看来有点"古怪"……造物的完美是一种神迹，我亲爱的朋友。

144

您看过那些在德国发现的奇怪的龙化石吗？
是一种未知的长有羽翼的蜥蜴！
或者可能是一种鸟……长有牙齿……
您在骗我吧？
您这个大学生说话真夸张。
鸟类？失去了牙齿的蜥蜴？多么奇怪的想法！
哈哈哈！
我对于这种发现特别着迷，而且如果……
这种生物就是我们今天的鸟类的祖先呢？
现在的鸟类跟远古时候的是一样的。
您知道在几个世纪以前，您会因为这些想法而遭受火刑吗？
您认为我是受到了我们这个时代的庇护吗？
哈哈哈！
哈哈哈！
我亲爱的奥杜邦先生！
这儿展出的所有作品都是杰作啊！
?

1 爱丁堡（Edinburgh），英国苏格兰首府，位于苏格兰东海岸福斯湾南岸。

·V·
密苏里河

1　密苏里河（Missouri River），美国主要河流之一，密西西比河最长的支流。

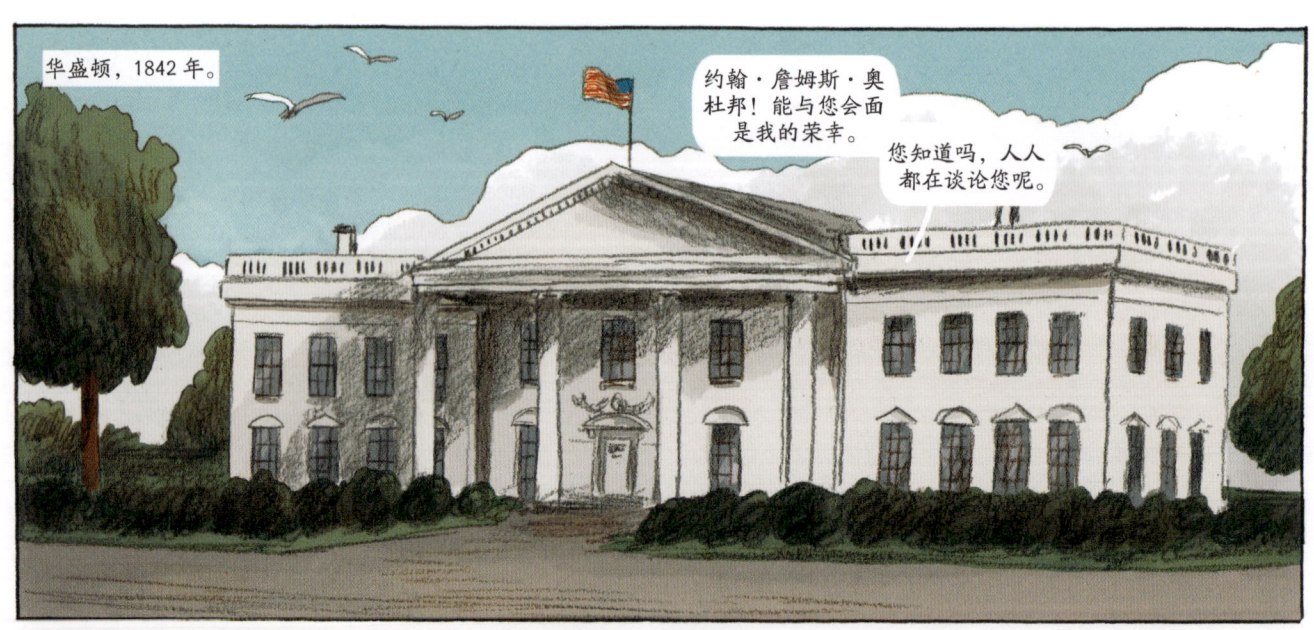

华盛顿，1842年。

约翰·詹姆斯·奥杜邦！能与您会面是我的荣幸。

您知道吗，人人都在谈论您呢。

总统先生，我也感到非常荣幸。

这就是您的全套作品。

我们从此有了美洲全部鸟类的肖像。真是令人难以置信。

"最后一部分画作刚刚由哈夫尔家族印刷好。它们闻起来还有英国的油墨香呢。"

435幅画作，先生，毕生的作品啊……

1 丑鸭（Canard arlequin），具有丰富多彩的羽毛，酷似意大利喜剧中的丑角（arlequin），故名之。

"您刚才跟我说有一个新的项目？我能帮您做些什么呢？"

"是的，我现在想画美洲的四足动物。"

"这个项目由我和我的孩子们以及一些博物学家朋友一起执行：绘制和统计我们这个幅员辽阔的国家里的所有哺乳动物。"

"您看，为了我的鸟儿们，我已经踏遍了美国的千山万水。"

"从我第一次在密西西比河上的探险之旅，一直到路易斯安那州，到佛罗里达州。"

"我从北部的拉布拉多半岛深入到南部的得克萨斯州……"

"这一次，我们的探险之旅将沿密苏里河展开。"

"从西部未知的土地，一直到我从孩提时代就梦想要去的陡峭山峰。"

"去寻找美洲狮、野牛、松鼠，还有其他我们今天仍未知的动物！"

"我亲爱的朋友，我会全力支持您的。"

"我会帮助您的。您将会拿到所需的介绍信。"

"在我们军队的驻地上，像您这样一位对美洲科学做出巨大贡献的人，会得到应有的一切敬意。"

"5月4日，我们在这一天猎杀了：1只猫声鸟，1只鹤鸽，17只鹦鹉，1只雪松太平鸟，1只种类不明的鹞，2只白喉带鹀，2只莺，1只灰松鼠，1只潜鸟，2只黑锯翅燕……"

"我们在布恩维尔[1]进行补给，但我们很快意识到不能在那儿耽搁太久。"

"这里的家族纷争不断，杀害一个邻居不会比猎杀一只鹿或一只浣熊更严重。"

"我急着要让我们远离这些'文明人'居住的地方。有一些猎人完全喝醉了，而另一些则处于由酒精引起的神经兴奋过后的迟钝状态中。"

"欧米茄号这些天航行顺利。我们遇到了一些穷人的车队，他们想在已沦为被掠夺之地的西部碰碰运气。"

"在穿过苏-皮克图河时我感到非常惊奇，那是一条流入广阔的密苏里河的小河流。"

"以前，我对它有所了解：这是一条盛产河狸、水獭和麝香鼠的小河流，但今天这些动物已经完全消失了。"

1 布恩维尔（Booneville），美国南部阿肯色州（Arkansas）的一个城市。

"森林不见了，消失得非常迅速，白天被斧头砍伐，晚上受大火吞噬。"

"在我们的最后一个停靠点，我们什么也没有猎杀到，甚至连一只鸟都没有。整个地区都空无一物。除了每天晚上这一大群冷酷无情想要把人生吞了的蚊子。"

"明天，男人们要去平原上进行一次征战，去打猎，也是为了活动一下身体。我在那儿会有所发现吗？"

"这些天，我的脚后跟长了一个很严重的水泡，任何一个小动作都会让我疼得要命。我只能远观这场狩猎了。"

砰！砰！砰！砰！砰！

"这场狩猎很不错。大概能称之为非常棒。在经过这么多天的至少是有点无聊的航行之后，他们需要活动活动……或许我们本来可以更有节制地开枪？"

"这样就导致了成千上万的野牛出于人类的取乐而被屠杀，而它们的骨架就被弃于狼群、食肉猛禽和乌鸦之口。"

"在上游，一些不幸的野牛的尸体被河水冲下来，它们逃过了平原上的那场狩猎，却在过河时被淹死，身体发涨，四脚朝天，有数十头之多。"

"我一直觉得挺难过的，因为我看到那些土著人仿佛变成一群令人嫌恶的浑身肮脏的乞丐，一点也不在乎已经变质好几天的肉的新鲜程度，还准备拿来饱餐一顿。"

"我对这些可怜的家伙寄予由衷的同情。"

"生而自由的猎手的后裔啊，你们曾天生巧手，向往独立，强壮的胸膛里迸发出慷慨气质，我要怎样做才能使你们重拾昔日雄风呢？"

"今晚我太累了。毕竟上了年纪了。今天的大事总结就留到明天再做吧。"

"今天早上我在画眉鸟的悦耳歌声中醒来。以鹿的肝脏、其他内脏和舌头做成的早餐受到了所有人的欢迎。"

"太令人震惊了！哈里斯和贝尔带回来两只我从未见过的鸟！一只非常漂亮的云雀和一只北扑翅䴕属的鸟儿，下喙带有红色而不是常见的黑色印记。"

"继巴特拉姆[1]之后，威尔逊统计了——虽然其中有数不清的错误——超过200个种类。我的《美洲鸟类》收录了435种，此后我还发现了一些新的但不幸没法再加进去的种类。"

"我不得不承认我的这种疯狂的寻觅可能要持续数年。我把最主要的部分做出来，留给其他人来收尾了。"

"在这片美洲大地上，越过落基山脉[2]，一直到太平洋边的海滩上，还有多少种未知种类的鸟儿？"

"我们终于到达了'堡垒联盟'，这里是密苏里河上的最后一个军事防御据点。在另一边，就是蛮荒之地，再过去就是落基山脉了……"

"卡伯森船长让几门大炮齐鸣以示欢迎。"

砰　砰

1　巴特拉姆（John Bartram，1699—1777），美国早期植物学家、园艺家和探险家。
2　落基山脉（Rockies），又译作"洛矶山脉"，是美洲科迪勒拉山系在北美的主干，由许多小山脉组成，被称为北美洲的"脊骨"。

"这是一位热情、有阳刚气概且很帅气的男人,是这里的传奇人物之一。他的妻子是一位出众的印第安公主,她给我们的印象,与我们在河上遇到的印第安流浪汉的截然不同。"

"我尚未从旅途的疲惫中恢复过来,对我来说它是何等漫长。不过,有人跟我说我们已经打破了一项纪录,只用了48天7小时就从圣路易斯到了堡垒联盟!"

"我在堡垒这里过的日子非常惬意,在这儿大家对我都很热情。我们跟哈里斯一起远足,打了一些鸟儿,然后白天剩下的时间我就用来画画,以及等待晚餐。"

约翰·詹姆斯,我们在堡垒联盟已经享受好几个星期的款待了吧?

也许现在是时候重新上路了,如果我们不想碰上冬天的话?

这些天我认真考虑过了,我觉得我们应该返航了。

嗯?

什么?

可是，我们离落基山脉这么近了！从现在起，这只是几天的时间问题了！
你毕生的梦想！你不能在距离目标这么近时却选择放弃！
我毕生的梦想，已经实现了。
我的《美洲鸟类》。
哈里斯，你没有感觉到冬天正在靠近吗？如果我们到时被寒冷和冰冻困在这里，那怎么办？
现在我只渴望一件事：回家。落基山脉就算了……
如果现在马上出发的话，我们还能赶在秋天结束之前到家。
一个老旅行者必须慎重……
“4 月 16 日。我们离开了堡垒联盟，中午到达了‘麦金瑙联盟’。猎杀了 5 只小野鸭。非常美味的一顿晚餐。”

"9月12日，星期五。下雨。经过一个非常糟糕的夜晚之后，所有的东西都湿了。我们的船成了一个十足的泥潭。"

"10月14日。天气晴朗，风平浪静。我们很早就出发了。经过芒特普莱森特。在圣查尔斯下船去购买面包。晚上到达圣路易斯。"

"10月22日离开圣路易斯。乘坐'鹦鹉螺'号汽船去辛辛那提[1]。"

明尼斯兰[2]，1843年，纽约附近。

露西？我回来了。

"1843年11月6日下午3点回到家中，感谢上帝，我看到家人都健康无恙。"

---

[1] 辛辛那提（Cincinnati），美国中部俄亥俄州西南端的一个重要工业城市。
[2] 明尼斯兰（Minniesland），奥杜邦与妻子和儿子在1842年自己建的一所房子的名字，名字来源于苏格兰语中对母亲的爱称。

明尼斯兰，1849年夏天。

砰！

砰！

哎！怎么啦！

看看我会不会抓住你们，肯塔基小臭鼬！

？ ？ ？

哈哈哈!

孩子们,别打扰你们的祖父工作。去别的地方玩吧。

露西,我办不到了。

我只要一开始工作,很快就会睡着。我太累了。

画笔都从我手中掉下去了。

1850年，秋。

约翰·詹姆斯，有人从远方来看你了。

如果他不认得您了，请不要感到惊讶。他现在都是这样。唉。

您刚刚说您叫什么名字来着？

没关系，夫人。
我是来祝您旅途愉快的。
再见。
什么！这一切只是为了一只表！你们真是不幸！
约翰，你冷静一下！
我们必须成功跑到森林里。我们不得不毫无掩护地跑过去……
绍根！
奥杜邦，祝您旅途愉快！

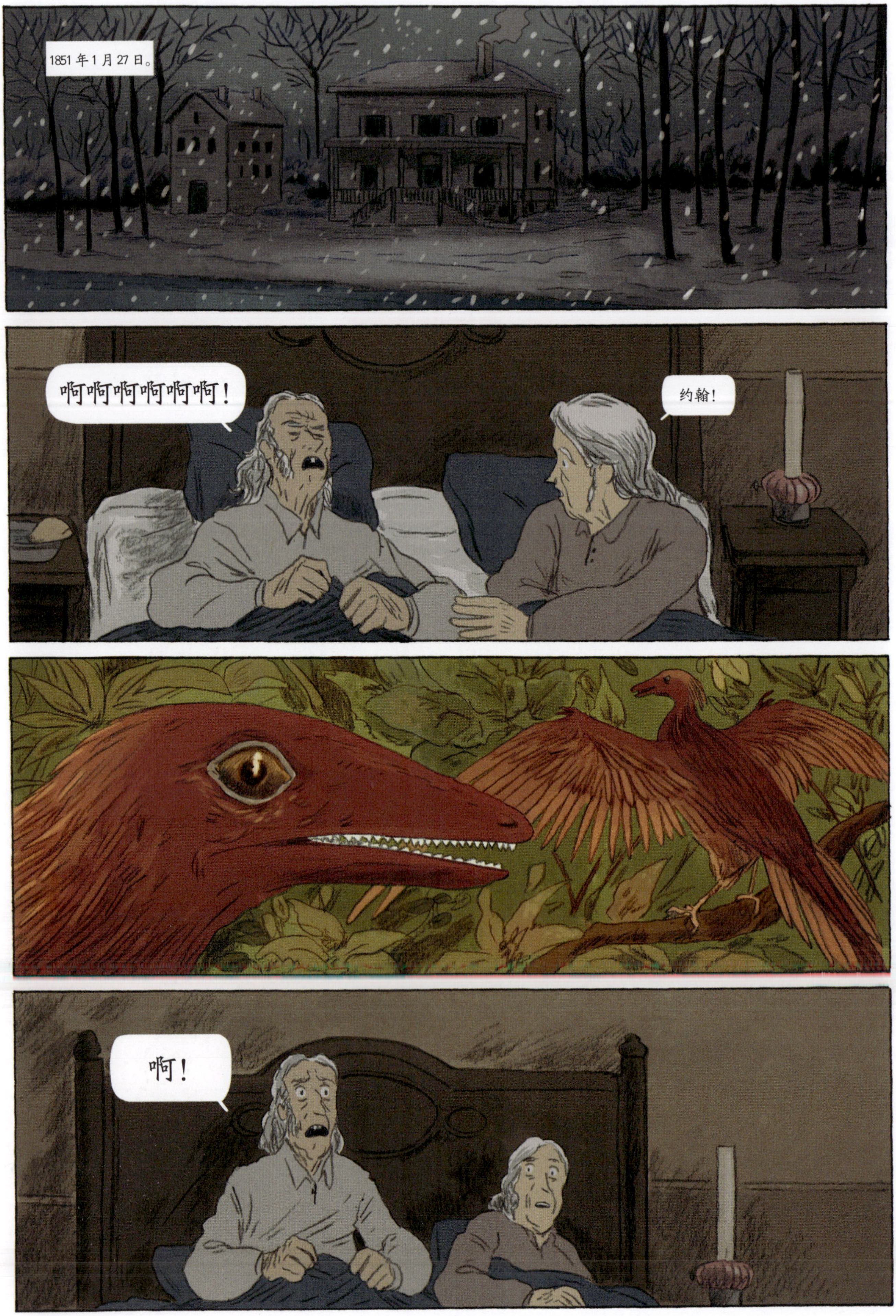
1851年1月27日。
啊啊啊啊啊啊！
约翰！
啊！

你冷静一下，拉福雷，冷静一下。

噢……

?

约翰？

咿咿克！

回来睡吧……

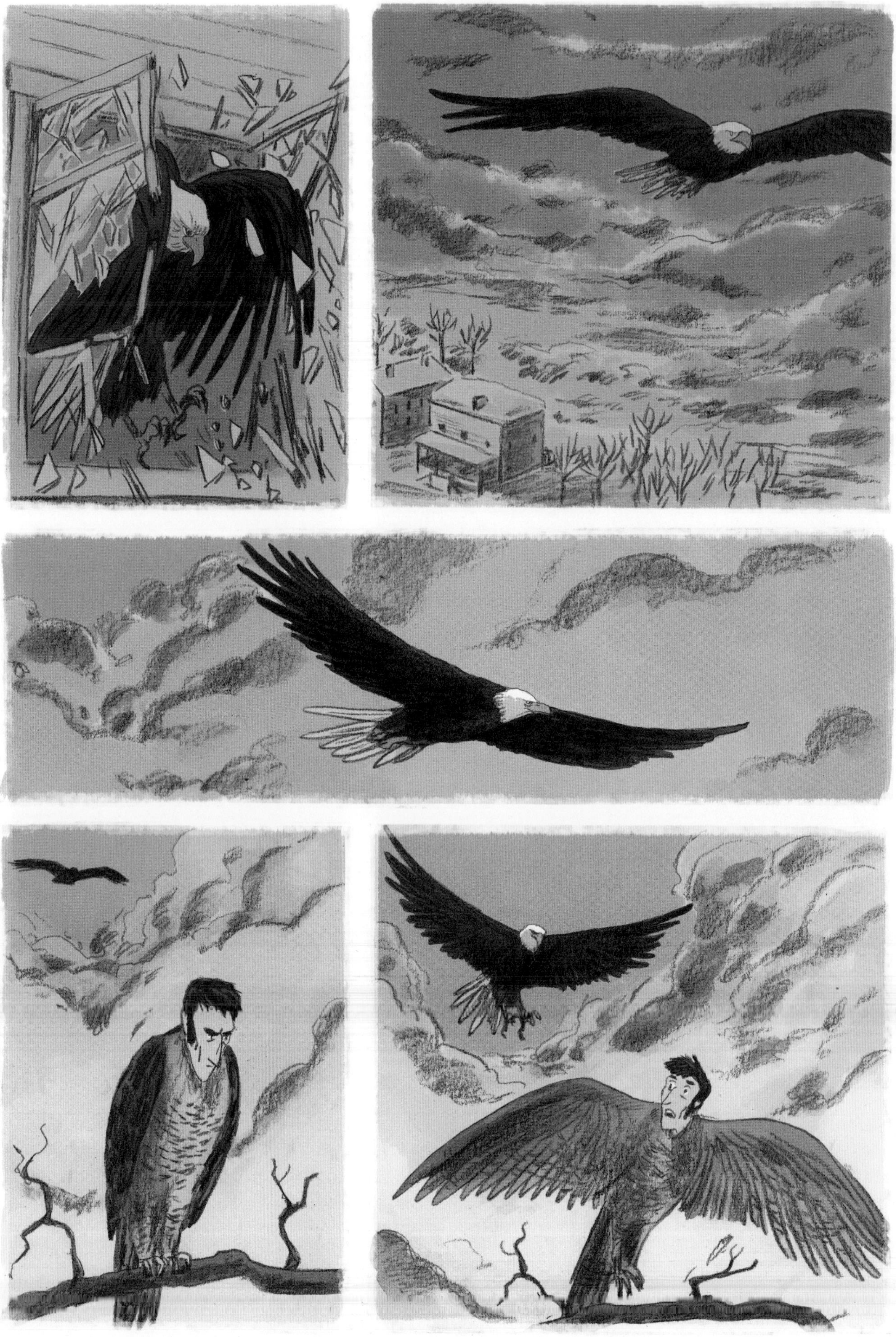

呃呃呃呃。

"今天早上，我认为奇迹发生了。"

"就在太阳升起的时候，我听到了那种你再熟悉不过的歌声。"

"我敢发誓我听到了画眉鸟的歌声。"

"就是那种你经常跟我提起的，总是会在你旅途最黑暗的时候突然出现的欢快的歌声。"

"那种不止一次让你从用蕨草铺成的床上起来的歌声。"

"那种最能让你由伤感变得欣喜若狂的歌声。"

“当然，我没有你那么熟悉你那些宝贝鸟儿的习性。”
“但我知道这个季节画眉都迁徙到更温暖的地方去了。”
“会不会是有一对已经回来了，预告着早春的到来呢？”
“我知道这一次，这歌声不会再让你从用羽毛铺成的床上起来了。”
“但我感恩这严冬里的歌声……”
“仿佛在送你远行。”
“如今你安息吧，我的拉福雷。”

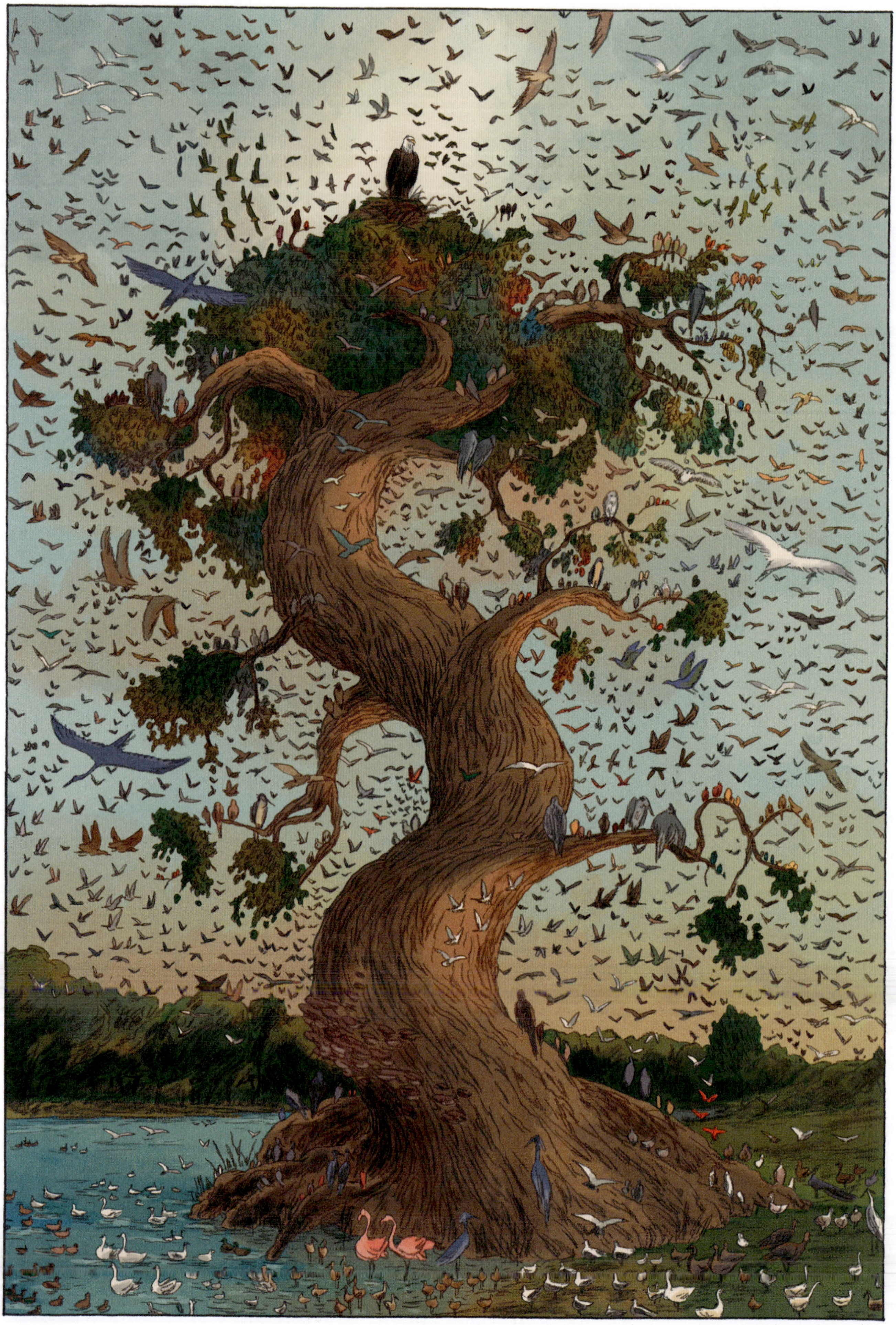

注 释

本书的众多章节都以奥杜邦写的著作为灵感，尤其是他的《美国与北美的自然界》。

第 14 页，依据《烟囱雨燕》。

第 32—33 页：文字节选自《野火鸡》。

第 46 页，依据《褐鸫》。

第 56 页，文字节选自《美丽凤头鸭》。

第 75 页，依据《佛罗里达的樵夫们》和《米德维尔》。

第 86 页，依据《旅鸽》。
看来奥杜邦描述的鸽群持续好几天的迁徙景象是可信的：在 19 世纪，这种鸟曾有几十亿只。这种大规模的旅鸽迁徙造成了巨大损失。密集的狩猎，尤其是大片美洲森林的消失造成了这种鸟的灭绝，最后一只于 1914 年死于囚笼中。

第 104 页，依据《草原》。

第 122 页，依据《逃亡者》。
本书并未指出奥杜邦拥有奴隶，也没有指出奴隶制在当时是普遍存在且被认为是合理的。他自认为是一个"开明的主人"。这个美国悲剧本身就值得用一本书来书写；我们从他的著作中得到启发，选择只在这一章里提及。

第 142 页，当奥杜邦去爱丁堡做演讲并介绍他的《美洲鸟类》时，达尔文正在爱丁堡大学求学。因此本书中虚构的他们二人的会面场景是很有可能发生的。

第 145 页，始祖鸟其实是 1860 年才被发现的，在奥杜邦逝世 10 年之后。这属于作者的一点创作小自由……

第 152 页，依据约翰·詹姆斯·奥杜邦的《密苏里河日记》。引用了不少奥杜邦的原文。

部分参考文献

《奥杜邦：画家、博物学家、冒险家》（*Audubon: peintre, naturaliste, aventurier*）
作者：伊冯·沙特兰（Yvon Chatelin）——France-Empire 出版社

《美国与北美的自然界》（*Scènes de la nature dans les États-Unis et le nord de l'Amérique*）
作者：让-雅克·奥杜邦（Jean-Jacques Audubon）——FB Éditions 出版社

《密苏里河日记》（*Journal du Missouri*）
作者：约翰·詹姆斯·奥杜邦（John James Audubon）——Petit Bibliothèque Payot 出版社

《让-雅克·奥杜邦，1785—1851》（*Jean-Jacques Audubon, 1785-1851*）
作者：亨利·古尔丹（Henri Gourdin）——Actes Sud 出版社

《鸟类大全书》（*Le Grand Livre des oiseaux*）
作者：约翰·詹姆斯·奥杜邦（John James Audubon）——Citadelles et Mazenod 出版社

卡罗莱纳鹦鹉

约翰·詹姆斯·奥杜邦

奥杜邦
约翰·赛姆，1826 年

让-雅克·奥杜邦
生平概述

1785 年，让-雅克·奥杜邦生于海地，为非婚生子（他的父亲，让·奥杜邦，是一位生意人和冒险家，引诱了一位女仆，让娜·拉比纳，后者死于分娩——此故事曾长期保密）。他童年时期住在南特附近的库厄龙镇上，在家族花园大宅拉热尔伯蒂埃里度过了他的众多假期。

如今以他的名字命名的沼泽带，是他当年逃学跑去学习自然知识的地方。在法国大革命时期，人们给他取了个绰号"富热内"（在法语中意为"蕨草"），恰好预言了他未来作为樵夫的身份。在 1803 年，为了逃避拿破仑征兵，他的父亲把他送到美国西岸的米尔格鲁夫居住。他成为美国人并从此改名约翰·詹姆斯·奥杜邦。他遇到了女邻居露西·贝克韦尔，后者后来成为他的妻子。他们共同生养了四个孩子：维克托和约翰后来跟随他并与他共事，还有罗丝和露西，幼年便夭折了。

起初他试图追随父亲的脚步，做各种生意，并在初期经营得还不错。但他思想过于先进，把全副身家投资于一家过于现代化的蒸汽锯木厂，这显然是个无底洞。他因此负债并被投入监狱，不得不宣布破产并从此放弃经商，最终投身于他所热爱的领域：鸟类。几年时间里，他跑遍了美洲的森林，在那里狩猎、绘画、来回勘察，经常远离家人。

随着作品日渐丰富，他向辛辛那提和新奥尔良的科学家们发起了出版募捐，但他们只钟情于亚历山大·威尔逊，因为后者于几年前得到了他们的赞助并出版了《美洲鸟类学》一书。在 1826 年，寄希望于同时找到资助者和有才华的雕刻家（当时的美洲并没有），奥杜邦来到了英国，在英国的贵族和科学家们面前展示了美洲的异国风情，获得巨大成功。他又来到法国，成功说服了居维叶和几个富裕的法国人赞助他的项目。在伦敦，他遇到了哈夫尔家族，这些才华横溢的雕刻家们印刷出了他的《美洲鸟类》，花了 12 年！

最后一部分的刻版由哈夫尔家族在 1838 年完成，使他的毕生著作——拥有 435 幅水彩画的《美洲鸟类》得以问世。1842 年，他在美国出版了《美洲鸟类》的大众版本，获得了空前成功。奥杜邦变得富有而出名，于是更加频繁地外出航行考察，他最后一次出行是沿着密苏里河进行他的新项目《美洲四足动物》的考察，这本书最后由他的两个儿子共同完成。奥杜邦此时已疲倦不堪，年老力衰，于 1851 年逝世于纽约。

奥杜邦今日：

奥杜邦被遗忘了一段时间，直至他的画重新面世以及马萨诸塞州奥杜邦协会于 1896 年成立，这是第一个以科学家兼画家的名字命名的协会；该协会也是创立于 1905 年的美国奥杜邦协会的前身，今天奥杜邦协会已成为美国最大的自然保护协会之一，在美国拥有几千所分会以及几十万会员。

让-雅克·奥杜邦，大自然的狂热爱好者，以其多年来从事的工作及其作品，被视为美国环保先驱之一（即使他的狩猎行为会使今天大部分的自然爱好者气得跳脚）。以他的名字命名的街道、公园、动物园、博物馆或者学校更是数不胜数。

在美国，约翰·詹姆斯·奥杜邦是唯一跟拉斐特伯爵齐名的法国人。在法国，他却几乎不为人所知。

《美洲鸟类》初版的印刷量是 200 本，很多都已经残缺不全了。在 14 本法文版中，只有 4 本是保留至今仍然完整的。2010 年 12 月 7 日，一本完整版的《美洲鸟类》在伦敦的苏富比拍卖行以 860 万欧元售出。

《美洲鸟类》已是当今世界上最珍贵、最稀有的书籍之一。

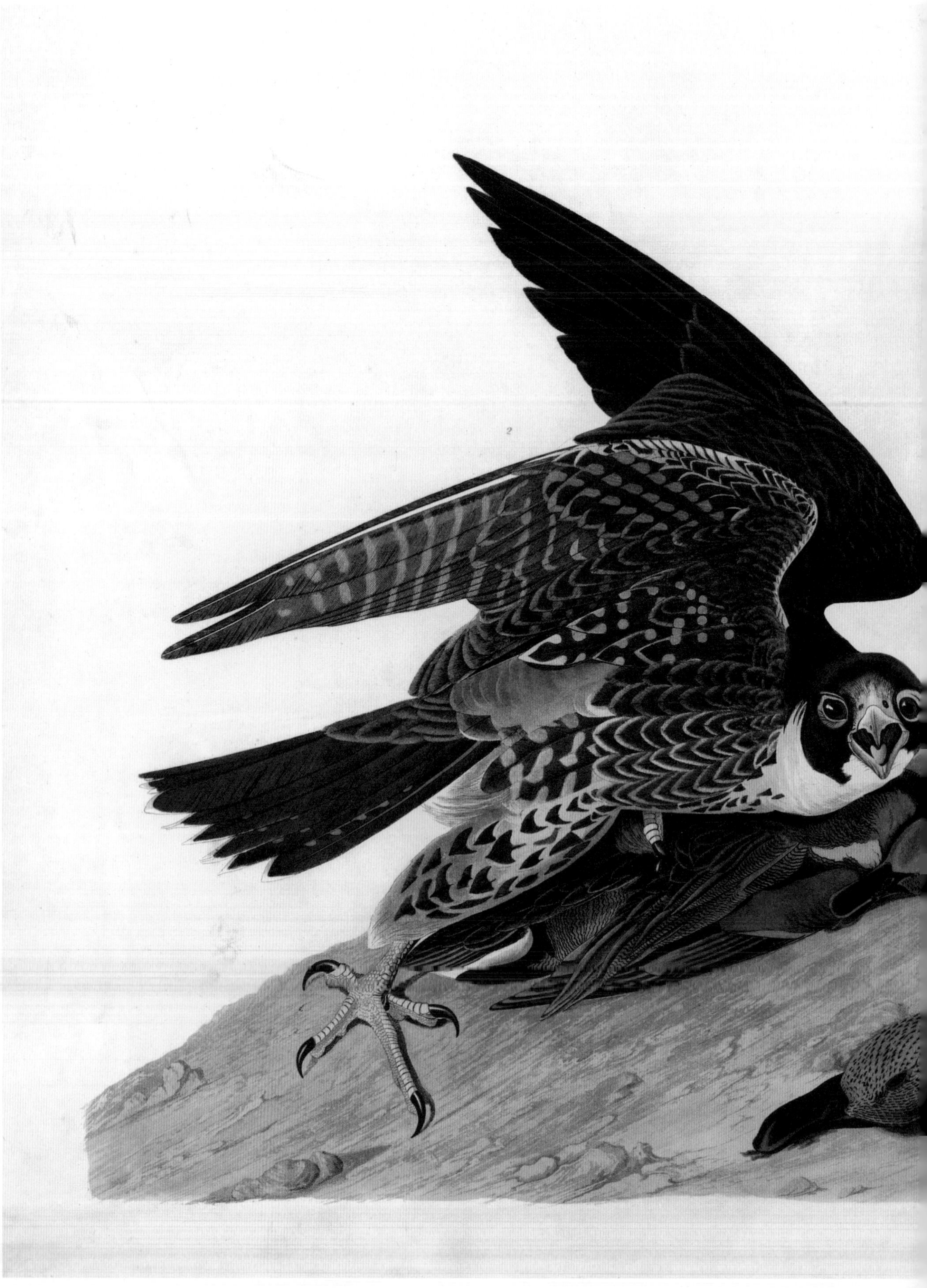

游隼

约翰·詹姆斯·奥杜邦

蓝松鸦
约翰·詹姆斯·奥杜邦

野火鸡

约翰·詹姆斯·奥杜邦

图书在版编目（CIP）数据

追随羽翼的人：鸟类学先驱奥杜邦／（法）法比安
·格罗洛编；（法）杰雷米·罗耶绘；罗莲译.--北京：
中国友谊出版公司, 2021.3
　　书名原文：Sur les ailes du monde, Audubon
　　ISBN 978-7-5057-5095-1

Ⅰ.①追… Ⅱ.①法…②杰…③罗… Ⅲ.①奥杜邦
(Audubon, John James 1785-1851)—生平事迹 Ⅳ.
①K837.125.72

中国版本图书馆 CIP 数据核字 (2021) 第 018498 号

著作权合同登记号　图字：01-2021-0110

Sur les Ailes du monde, Audubon 0 – Sur les Ailes du monde, Audubon
© DARGAUD 2016, by Fabien Grolleau, Jérémie Royer
www.dargaud.com
All rights reserved

本作品简体中文版由 DARGAUD 欧漫达高文化传媒（上海）有限公司授权出版
本书中文简体版权归属于银杏树下（北京）图书有限责任公司

书名	追随羽翼的人：鸟类学先驱奥杜邦
作者	［法］法比安·格罗洛　编
绘者	［法］杰雷米·罗耶
译者	罗莲
出版	中国友谊出版公司
发行	中国友谊出版公司
经销	新华书店
印刷	天津图文方嘉印刷有限公司
规格	889×1194 毫米　16 开
	11.5 印张　22 千字
版次	2021 年 3 月第 1 版
印次	2021 年 3 月第 1 次印刷
书号	ISBN 978-7-5057-5095-1
定价	85.00 元
地址	北京市朝阳区西坝河南里 17 号楼
邮编	100028
电话	（010）64678009

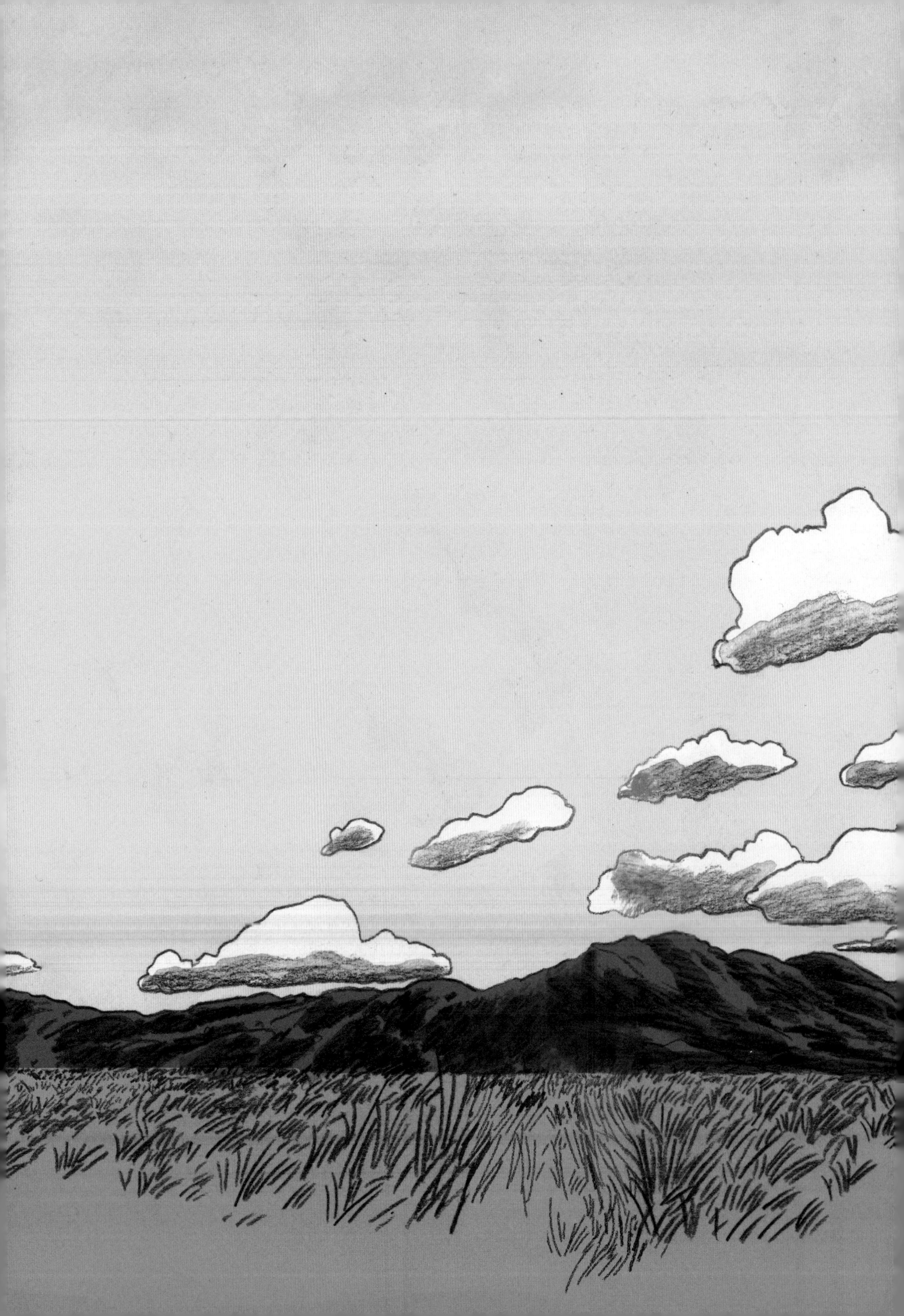